千万别等孩子大了才去旅行！孩子大了，你就老了

带孩子游中国

黑龙江·吉林·辽宁

青蓝图书 / 编著

·东北地区·

北京日报出版社

图书在版编目（CIP）数据

带孩子游中国 . 东北地区 / 青蓝图书编著 . -- 北京：
北京日报出版社 , 2023.3（2024.3 重印）
ISBN 978-7-5477-4581-6

Ⅰ . ①带… Ⅱ . ①青… Ⅲ . ①东北地区—概况—少儿
读物 Ⅳ . ① K92-49

中国国家版本馆 CIP 数据核字 (2023) 第 031392 号

带孩子游中国　东北地区

出版发行：北京日报出版社
地　　址：北京市东城区东单三条 8-16 号东方广场东配楼四层
邮　　编：100005
电　　话：发行部：（010）65255876
　　　　　　总编室：（010）65252135
印　　刷：亿联印刷（天津）有限公司
经　　销：各地新华书店
版　　次：2023 年 3 月第 1 版
　　　　　　2024 年 3 月第 2 次印刷
开　　本：710 毫米 ×1000 毫米　　1/16
总 印 张：27
总 字 数：350 千字
总 定 价：120.00 元（全 6 册）

目 录

中国地理图鉴

中国地域辽阔，国土面积排名世界第三；中国历史悠久，有几千岁了；中国人口众多，有五十六个民族，民俗文化丰富多彩。

高　中　低

中国的大江大河几乎都发源于青藏高原。

中国的地势就像高低排列的阶梯。

甲骨文　青铜器

长江

长江是中国第一长河，世界第三长河。

茶叶

中国是茶的故乡。

中国有五十六个民族，每个民族都有自己独特的传统文化。

春节

吃团圆饭，看春节联欢晚会。

乒乓球

乒乓球是中国的"国球"。

元宵节

赏花灯，吃汤圆。

黄河

黄河是中国第二长河，是中华文明的主要发祥地，被称为"母亲河"。

清明节

扫墓祭祖，踏青郊游。

快乐 中秋节

重阳节

登高赏秋，感恩敬老。

中秋节

赏月，吃月饼。

端午节

吃粽子，赛龙舟。

黑龙江印象

黑龙江简称"黑"，冬季寒冷漫长，拥有众多冰雪娱乐场所，夏季在北极村则有机会观测到北极光。这里还有浩瀚的林海雪原，珍奇的野生动物，巍峨连绵的大、小兴安岭，处处彰显着北国风光。

冰雕

哈尔滨的冬天气温很低，可以用冰块雕成各种艺术品，放在室外展示。

秧歌

东北传统民间歌舞。

粘豆包

冰棍

一到冬天，东北街头到处售卖冰棍，室外就是天然的冰箱。

火炕

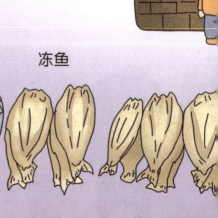

冻鱼

小鸡炖蘑菇

猪肉炖粉条

烤冷面

东北大拉皮

锅包肉

东北虎

圣·索菲亚教堂

拜占庭风格建筑，独具异国情调。

哈尔滨：冰雪之城

哈尔滨是一座中西文化融合的名城，也是国际冰雪文化名城，素有"冰城""东方莫斯科""东方小巴黎"之称。

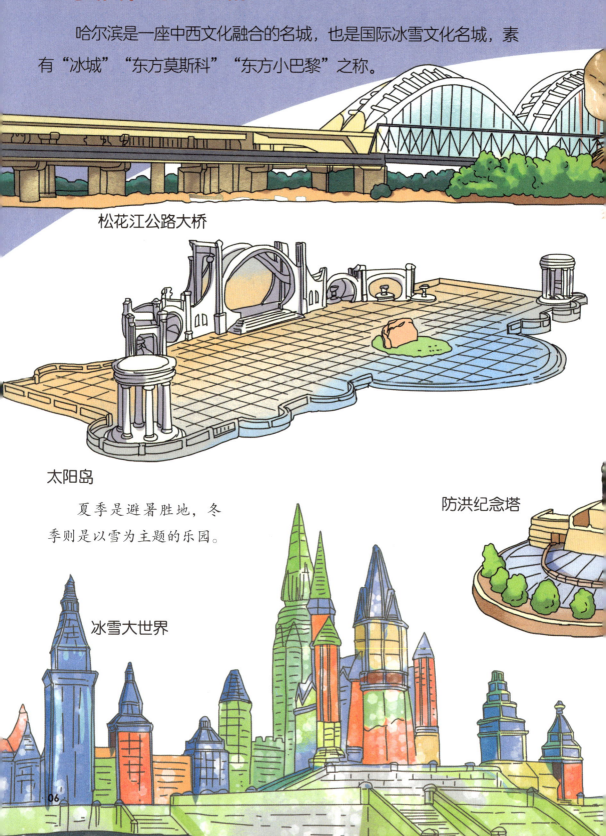

松花江公路大桥

太阳岛

夏季是避暑胜地，冬季则是以雪为主题的乐园。

防洪纪念塔

冰雪大世界

格瓦斯

大列巴

哈尔滨红肠

中央大街

马迭尔

马迭尔冰棍

红菜汤

罐焖牛肉

圣·索菲亚教堂

20世纪远东地区最大的东正教教堂。

漠河：神州北极之光

漠河地处北部边疆，是中国北方的"天涯海角"，皑皑白雪使漠河显得静谧迷人。到了夏至前后，这里可以观测北极光，感受大自然的神奇力量。

北极村

中国大陆最北端的临江村落，是北极光的最佳观测点。

● 北极村村碑

村碑是北极村的标志性景点。

●极光

像彩带一样飘在空中。

每年夏至，北极村会成为中国白昼最长的地方，人们把夏至的北极村称为"不夜城"。

●"神州北极"石碑

位于黑龙江边，与俄罗斯隔江相望，是北极村的象征性标志。

●北极圣诞村

由圣诞邮局、圣诞老人之家、圣诞游乐场等组成，极具童话色彩。

·09·

镜泊湖：一半湖水一半火山

镜泊湖是中国最大的高山堰塞湖，是火山喷发创造的奇迹。这里以湖光山色为主，兼有火山口地下原始森林、地下熔岩隧道等地质奇观，被誉为"北方的西湖"。

吊水楼瀑布

世界最大的玄武岩瀑布，落差二十米，雨季时水声如雷，气势磅礴。

● 药师古刹

坐落在镜泊山庄码头南侧的龙泉山上，三面环水，可遥望湖区宽阔的水面。

"地下森林"

远古火山爆发后，火山口内壁逐渐长满了树木，变成了如今的地下森林。

五大连池：自然火山博物馆

世界地质公园，周围分布着十四座火山。火山喷发的熔岩堵住河道，形成了五个相互连接的湖泊，人们把这里称为"自然火山博物馆"。

黑龙山

屹立在黑色的熔岩台地之上，主火山锥由黑褐色的火山砾、火山渣组成。夏天的绿色植被和冬天的皑皑白雪都掩不住它黑色的光泽。

翻花石海

岩浆冷凝后形成的大面积破碎熔岩。

● 火山堰塞湖

龙门石寨

火山喷发后形成的类似古寨的岩石景观。

●火山熔岩

火烧山

整个火山锥体由黑色、褐色、紫色浮石和玄武岩堆积而成。有一缺口，为熔岩溢出的通道。

格拉球山天池

火山体完整，顶端火山口呈圆盆状，积水成湖，形成了小巧玲珑的天池。

大兴安岭：祖国的森林宝库

中国最大的林区。大兴安岭的"身体"几乎都被绿色植被所覆盖，是一座森林宝库。

●白桦

●兴安落叶松

为了吸收阳光，它们拼命生长，即使高达三十多米，树干也依旧笔直。

●五角枫

生长在相对平坦、草原广布的地方。

●狍（páo）子

樟子松●

●野猪

●棕熊

杜鹃花●

麋鹿

驯鹿

●驼鹿

15

雪乡：享受寒冬乐趣的地方

　　特殊的地理位置和气候条件造就了雪乡"夏无三日晴，冬雪漫林间"的奇特景象。雪乡每年从十月开始降雪至次年四月，雪期长达七个月，积雪厚度可达两米左右，是名副其实的冰雪之乡。

●火炕

雪乡家家户户都会准备足够的柴火，通过烧火炕让屋里暖和起来。

●小木屋

●马拉爬犁

传统的木屋上堆积着厚厚的白雪，道路上马拉着爬犁，狗拉起雪橇狂奔，孩子在雪地里玩耍，一派祥和的景象。

人们穿着鲜艳的滑雪服在山上滑雪。

● 滑雪场

● 雪堡

大庆油田：铁人精神书写的奇迹

大庆这座城市别名"油城"，是中国十大油田之一——大庆油田的所在地。

铁人王进喜纪念馆

石油工人最初发现特大型油田时，用勺子舀石油的场景。

石油的形成与开采

在进入恐龙时代前，地球气候温和，水域广布。

海洋生物空前发展，达到繁盛时期。

后来，频繁的地壳运动，造成大量的植物和动物死亡。

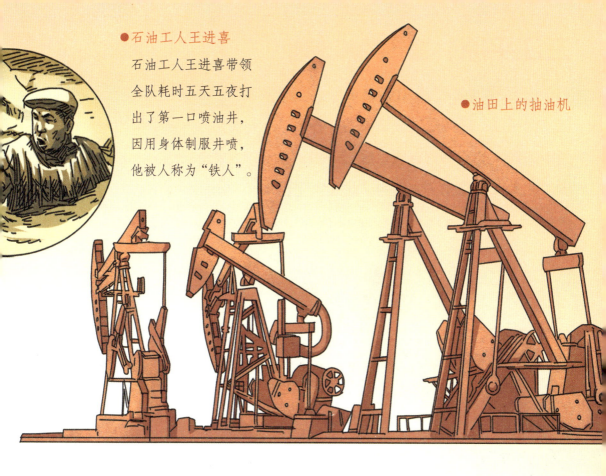

● **石油工人王进喜**

石油工人王进喜带领全队耗时五天五夜打出了第一口喷油井，因用身体制服井喷，他被人称为"铁人"。

● **油田上的抽油机**

厚厚的生物尸骨沉积物在地表温度和压力的作用下，经过亿万年的演变，形成了石油等物质。

人们勘测发现石油并将其从地底抽出。

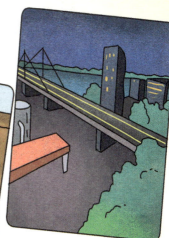

采出的石油经过炼化厂炼化加工，变成燃料及其他用品。

三江平原：富饶的黑土地

三江平原位于黑龙江最东部，为黑龙江、松花江、乌苏里江三江汇合冲积而成，是中国最大的沼泽分布区。经过开垦，昔日的"北大荒"变成了今日的"北大仓"。

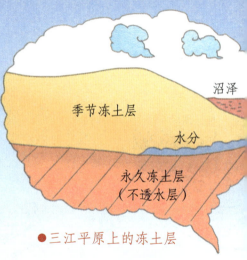

沼泽

季节冻土层

水分

永久冻土层
（不透水层）

●三江平原上的冻土层

●东方白鹳（guàn）

●丹顶鹤

兴凯湖

中俄界湖，盛产大白鱼，也是候鸟聚集地。

乌苏镇：首迎日出的小镇

中国最东端的小镇，是每天最早迎来日出的地方，被称为"东极小镇"。

●日出

每年夏至，太阳的光芒早早照耀这座"东极小镇"，红日涌出，可谓"沧海浴日，金轮晃漾"。

●大马哈鱼

●渔船

乌苏镇有中国最大的大马哈鱼渔场，是中外闻名的渔村，被称为"金色的网滩"。

乌苏镇东界碑

东方第一哨

乌苏镇哨所被称为"中国东方第一哨",它一直在守护着中国东大门的平安。

扎龙自然保护区：水禽的乐园

位于黑龙江省西部松嫩平原、乌裕尔河下游湖沼苇草地带，有著名的扎龙湿地，那里湖泊星罗棋布，河道纵横，苇草肥美，是世界上最大的丹顶鹤繁殖地，被称为丹顶鹤的故乡。时至今日，原始自然生态保护如初，有"水禽天然乐园"之称。

●沼泽

积水的低地，芦苇、苔草、沙草、苔藓丛生，草群茂密。

●白鹤

看！白鹤在梳毛！

●芦苇

● 白枕鹤

● 白头鹤

● 丹顶鹤

大型鸟类，颈部修长，体态优雅。全世界现存野生丹顶鹤约两千只，仅扎龙就有近三百只野生繁殖种群，以及四百多只人工繁育半散养种群。

●黑龙江满洲龙恐龙化石

中国第一具恐龙化石。

哇！龙骨山简直是一座大型的恐龙墓葬群，名副其实的"恐龙之乡"。

古生物学家和地质学家在嘉荫发现了恐龙化石，将其命名为黑龙江满洲龙。据他们估算，地下仍然埋藏着近百具恐龙化石骨架。

嘉荫龙骨山：
恐龙之乡

在黑龙江省中俄边境线上，有一座小山丘，它有个大气磅礴的名字——龙骨山。这里是中国最早发现恐龙化石的地方，出土了中国第一具恐龙化石骨架。

●恐龙

灭绝的史前爬行动物，生活在中生代。

●黑龙江满洲龙

白垩（è）纪时期，龙骨山气候温暖湿润，水源充足，有美丽的湖滨、河畔，还有大片的森林、平原、沼泽等。恐龙们在这样的环境下过着自由自在的生活。

吉林印象

吉林简称"吉"，地处东北地区中部，民族风情浓郁，自然风光旖旎。

雾凇

俗称树挂，是低温时空气中的水汽直接凝华，或天气过冷雾滴直接冻结在物体上的乳白色水晶沉积物，是难得的奇观。

长白山

关东第一山。

鹿茸

貂皮

人参

鹿茸、貂皮、人参合称"东北三宝"。

朝鲜族

朝鲜冷面

打糕

朝鲜族的传统风味食品之一。

松花湖滑雪场

这里有林海、雪场，还有雪地
摩托、马拉雪橇等雪上娱乐活动。

长春火车站

中国第一
CHINA FAW G

长春电影制片厂

长春：
东北地区的老工业基地

　　长春作为东北地区的老工业基地，具有众多工业遗产和文化遗存，如新中国最早的汽车工业基地、电影制作基地等。

集团公司
ORPORATION

长春长泰大桥

长泰大桥

长白山：积雪千年的胜境

　　东北第一高峰，是一座休眠火山，风光秀丽，景色迷人，被誉为"关东第一山"。因其主峰多白色浮石与积雪而得名，素有"千年积雪万年松，直上人间第一峰"的美誉。

长白瀑布

温泉群

看！这里散发着蒸腾的热气！

天池

长白山顶部的火山口湖，湖水清澈碧透，水平如镜。天池孤悬天际，没有入水口，只有出水口，湖水终年外流不息，很是神秘。因此，人们传说池中潜伏着一条龙，池水是龙吐出来的。

● 东北人参

人参被誉为"百草之王"，药用价值非常高。中国最有名的人参就是长白山野山参。

五味子 ●

● 鹿

雾凇岛：松花江上的冰雪秘境

松花江上的一座小岛。这里的雾凇是中国四大自然奇观之一，雾凇出现次数多，形态奇特多姿。

● **雾凇的形成**

冬日里不冻的松花江水腾起来的水雾，遇到寒冷的空气，在树上凝结为霜花，气象学称之为"雾凇"，当地群众称之为"树挂"。

乾安泥林：水土幻化造奇观

南有石林，北有泥林。乾安泥林是东北地区少见的潜蚀地质地貌景观。这里沟壑纵横，泥柱如林，连峰接岭，形状各异。

●地下幽宫

触摸泥壁，呼吸近万年的泥土气息，感受大自然的鬼斧神工，神秘莫测。

●骆驼峰

●捕鱼队

湖面冰层很厚，光靠几个人的力量很难将冰面凿穿捕到鱼，所以捕鱼的人很多，组成了一支庞大的捕鱼队。

●出鱼

●渔网

捕鱼队的人们把巨大的渔网撒进冰洞，然后把兜住的鱼群拖拽到冰面上。

查干湖：渔猎文化的宝地

吉林省最大的淡水湖，在蒙古语中意为白色圣洁的湖。查干湖渔业资源丰富，自辽金以来历代帝王都到查干湖"渔猎"，举行"头鱼宴"。以查干湖冬捕为标志的渔猎文化也成为这里的文化遗产之一。

冬捕

当地特有的渔猎文化，最早可追溯到辽代。

●鱼把头

专门预测湖中鱼群位置、确保准确下网的人。

冬季的查干湖冰层厚实，可以驾车在湖面驰骋。

●凿冰洞

●刚捕捞上来的鲜鱼

查干湖

净月潭：日月潭的"姊妹"

　　因形似弯月状而得名，与台湾日月潭互为姊（zǐ）妹潭。这里的森林覆盖率极高，被誉为"亚洲第一大人工林海"，周边的居民们都喜欢来这里散步、健身。

　　湖中亭亭玉立的荷花和岸边婀娜多姿的垂柳交相辉映。

碧松净月塔楼

塔楼坐落于观潭山上茫茫的林海中，远看就像一名卫士，保卫着净月潭这片净土。

净月女神

净月潭标志性迎宾景观，体现了美丽、圣洁、向上、大爱的生命主题。

辽宁印象

辽宁简称"辽"，名字取辽河流域永远安宁之意，是新中国工业的摇篮。辽东半岛美丽的海岸线上处处是迷人的海滩与避暑胜地。

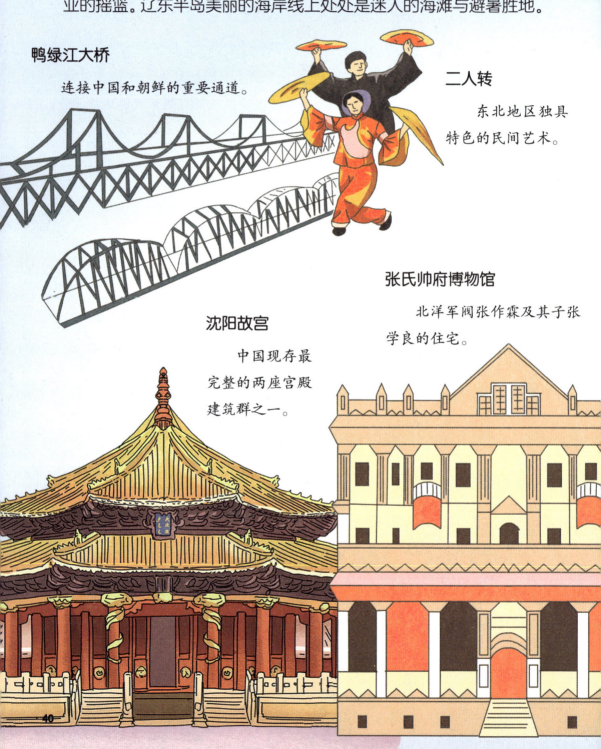

鸭绿江大桥

连接中国和朝鲜的重要通道。

二人转

东北地区独具特色的民间艺术。

张氏帅府博物馆

北洋军阀张作霖及其子张学良的住宅。

沈阳故宫

中国现存最完整的两座宫殿建筑群之一。

军舰

旅顺军港

咸鱼饼子

酸菜汆（cuān）白肉

焖子

千山

长白山的重要支脉。

沈阳：两代帝王都

"一朝发祥地，两代帝王都。"沈阳是个豪放大气的城市，历史上是清朝初期的皇宫所在地。沈阳还是"工业之都"，中国重工业的摇篮。

沈阳站

彩电塔

清昭陵

皇太极雕像

百合塔

沈阳故宫

又称盛京皇宫，是清朝初期的皇宫。

辽河

辽宁人民亲切地称呼它为"母亲河"。

"九一八"历史博物馆

大连海滨：渤海湾上的现代之都

大连是典型的浪漫之都，蓝天、碧海、白沙、黑礁，构成了旖旎的海滨风光。

大连圣亚海洋世界

虎雕●

老虎滩

金石滩

三面环海、风光优美，是大连人的后花园。

● 海蚀景观

● 鸟语林

鸟语

珊瑚馆

大连老虎滩海洋公园

鸭绿江源头

鸭绿江发源于长白山南麓。长白山山泉众多，水流丰富，是很多河流的源头。

水丰水库

为了充分利用水资源，人们在鸭绿江中下游修建的大型水库。可别小看了它，它可以防洪、养鱼、调节水流等。

鸭绿江：中朝的友谊之江

中国和朝鲜的界河，游江可以观赏中朝两国的风光。

鸭绿江大桥

也叫中朝友谊桥，是连接中国和朝鲜的重要通道。

鸭绿江湿地

世界候鸟迁徙的重要"驿站"。

红海滩：灿若朝霞的红滩涂

在辽宁盘锦的海边，有一大片灿若朝霞、红似焰火的海滩，人们称它为"红海滩"。海滩上的红色其实是大片的碱蓬草，其与苇洲碧涛遥相呼应，形成一幅生机盎然、雄奇浩瀚的自然画卷。

● 碱蓬草

长得很像珊瑚，呈红色，容易存活在沿海地区的沙土中。

● 芦苇荡

红海滩有着世界上最大的芦苇荡。

● 丹顶鹤

国家一级保护动物，红海滩是它们的重要繁殖地之一。

红海滩上的碱蓬草不用播种，不用耕地，便能不停地繁衍生息，最终汇成红色的海洋。每当微风拂过，红色的碱蓬草层层翻涌，景色蔚为壮观。

千山：如诗如画的东北明珠

千山为长白山支脉，相传由近千座
状似莲花的奇峰组成，故名"千山"。

● 南果梨

千山地区孕育出的独特水果品种，
素有"梨中之王"的美誉。

●千山梨花

自汉唐以来，梨花一直被视为千山一大景观。每逢梨花盛开的五月，千山万壑一片雪白，香气袭人。

●千山峭石——无根石

无根石的着力点只有三个脚掌大。相传曹雪芹在《红楼梦》中所描写的有灵气的顽石就是此石，旁边有棵摇曳多姿的小树，就是林黛玉的化身。

千山弥勒大佛

自然造就的石佛，神态可掬，端坐于千座莲花山之中，为千山增添了神秘的色彩。

本溪水洞：人间独一此洞天

　　数百万年前形成的大型充水溶洞，这里融山、水、洞、泉、湖、古人类文化遗址于一体。

　　人们从码头乘船进入溶洞，可以看到岩壁上有许多千奇百怪的石柱、石笋、石钟乳等。

　　本溪水洞最大的特色是水。这里隐藏着一条地下暗河，想要游览水洞，全凭这条"水路"。

● 石柱

● 暗河

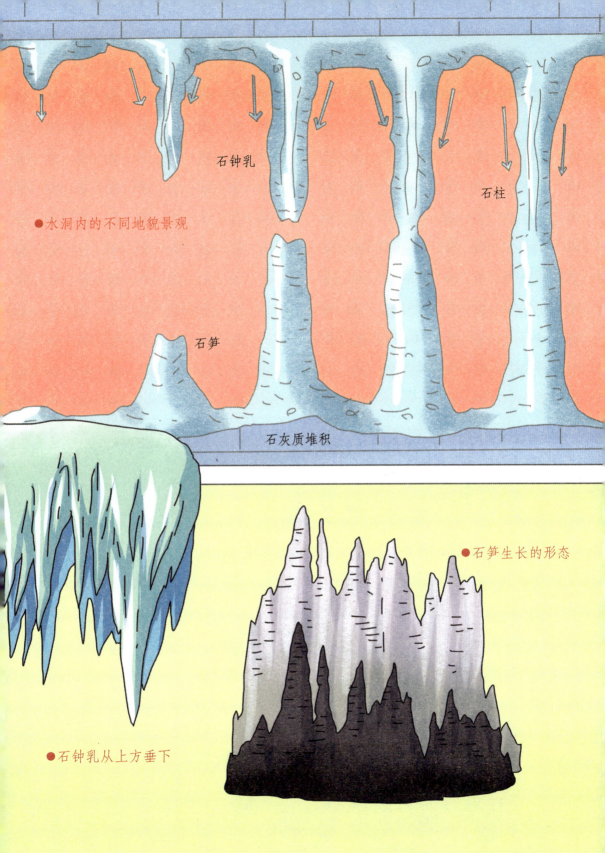

●水洞内的不同地貌景观

石钟乳

石柱

石笋

石灰质堆积

●石笋生长的形态

●石钟乳从上方垂下

笔架山：形如笔架的绝峰

笔架山山势险峻，常年云雾缭绕。山上的石头多为青石，由于受太阳曝晒后又遭雷雨的冷却，石头沿石纹断裂，犹如一块块被切开的豆腐，整齐而有规则。

●仙女造桥雕塑

●步行上岛

三清阁

　　岛上代表性古建筑。上下六层为全石仿木结构，不用一钉一木。阁内供奉着佛像，其中开天辟地之神——盘古氏，为天下众神之首。

　　笔架山有三峰，二低一高，形如笔架。笔架山与众不同的地方在于：看上去是一座孤岛，实际上有一条神奇的"天桥"，使它与陆地紧密相连。

●乘船上岛

天桥

　　天桥即长一千多米的砂石路，平坦径直，将海岸和山岛连在一起，就像一条蛟龙随着潮涨潮落而时隐时现。

● 连绵不断、形状各异的山峰

宝林楼

　　东北地区独一无二的贴岩古建筑，建在半山腰突出的岩石平台上，乾隆皇帝曾亲临此地。

医巫闾山：北镇圣山

    在古代，医巫闾（lú）山是北方幽州的镇山，地位仅次于"五岳"，文化积淀深厚。此外，医巫闾山的山势奇特，山峰连绵，姿态万千，壮美瑰丽。

千万别等孩子大了才去旅行！孩子大了，你就老了

带孩子游中国

北京·河北·天津·山西·内蒙古

青蓝图书 / 编著

·华北地区·

北京日报出版社

图书在版编目（CIP）数据

带孩子游中国. 华北地区 / 青蓝图书编著. –– 北京:
北京日报出版社, 2023.3（2024.3重印）
　　ISBN 978-7-5477-4581-6

　　Ⅰ. ①带⋯ Ⅱ. ①青⋯ Ⅲ. ①华北地区—概况—少儿
读物 Ⅳ. ① K92–49

　　中国国家版本馆 CIP 数据核字 (2023) 第 029440 号

带孩子游中国　华北地区

出版发行：北京日报出版社
地　　址：北京市东城区东单三条 8-16 号东方广场东配楼四层
邮　　编：100005
电　　话：发行部：（010）65255876
　　　　　总编室：（010）65252135
印　　刷：亿联印刷（天津）有限公司
经　　销：各地新华书店
版　　次：2023 年 3 月第 1 版
　　　　　2024 年 3 月第 2 次印刷
开　　本：710 毫米 ×1000 毫米　　1/16
总 印 张：27
总 字 数：350 千字
总 定 价：120. 00 元（全 6 册）

目 录

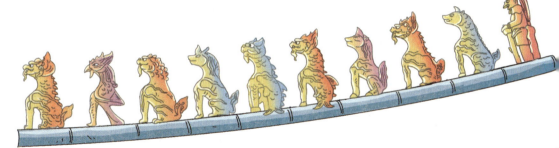

中国地理图鉴

中国地域辽阔，国土面积排名世界第三；中国历史悠久，有几千岁了；中国人口众多，有五十六个民族，民俗文化丰富多彩。

高　中　低

中国的大江大河几乎都发源于青藏高原。

中国的地势就像高低排列的阶梯。

青铜器

甲骨文

长江

长江是中国第一长河，世界第三长河。

茶叶

中国是茶的故乡。

中国有五十六个民族，每个民族都有自己独特的传统文化。

春节

吃团圆饭，看春节联欢晚会。

中国传统节日

乒乓球

乒乓球是中国的"国球"。

元宵节

赏花灯，吃汤圆。

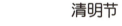

黄河

黄河是中国第二长河，是中华文明的主要发祥地，被称为"母亲河"。

清明节

扫墓祭祖，踏青郊游。

中秋节快乐

端午节

吃粽子，赛龙舟。

重阳节

登高赏秋，感恩敬老。

中秋节

赏月，吃月饼。

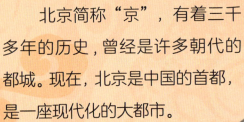

北京简称"京",有着三千多年的历史,曾经是许多朝代的都城。现在,北京是中国的首都,是一座现代化的大都市。

天坛祈年殿

京剧

中国的国粹。

老北京剪纸

兔儿爷

寓意平安吉祥。

糖葫芦

酸甜可口。

吹糖人

老北京炸酱面

炸酱是它的灵魂。

华表

鸟巢

北京烤鸭

蘸点甜酱，裹上葱丝，
一口下去，余味绕舌。

吹糖人

串胡同、住四合院、逛庙会，体验地道的北京味。

天安门广场：首都的明信片

天安门广场是中华民族凝聚力和中国繁荣昌盛的象征，它见证了无数重大政治、历史事件，更是举行重大庆典、盛大集会和外事迎宾的重要场所。其地处北京中轴线上，周边坐落着故宫、人民大会堂、中国国家博物馆等众多胜迹。

天安门

天安门曾是明清两代皇城的正门，过去只有皇帝才可以从此门出入。天安门起初叫"承天门"，清朝顺治年间改名为"天安门"，寓意"受命于天，安邦治国"。

人民英雄纪念碑

位于天安门广场中心，是为了纪念中国近现代史上的革命烈士而修建的，正面镌刻着"人民英雄永垂不朽"八个大字。

人民大会堂

位于天安门广场西侧，庄严雄伟，很多重要的会议都在这里召开。第五套人民币100元背面的图案就是人民大会堂。

皇家园林：
气势恢宏的皇家建筑

　　中国古代皇权至尊，几乎每个朝代都有宏大的宫苑。现在北京的皇家园林大都是明清两代的遗存，如北海、颐和园、圆明园等。

● 九龙壁

影壁的一种，在古代主要用于遮挡视线，是权力的象征。墙壁上的九条龙神态各异。

龙是中华民族的图腾。

北海公园

明清时期帝王的御苑，后来改建为公园。

● 白塔

北海公园的标志性建筑。

圆明园

过去一到盛夏，清朝的皇帝就喜欢到圆明园避暑，那里就像开着空调的办公室。

圆明园很大，有一百五十多景。只是后来英法联军入侵北京，把这里洗劫一空，现在只剩下了断壁残垣。

●十七孔桥

中国皇家园林中现存最长的桥，桥上有石狮 544 只。

颐和园

清朝时期的皇家园林，被誉为"皇家园林博物馆"。

●仁寿殿

慈禧太后临朝听政的地方。

皇家宫殿：富丽堂皇的见证

故宫旧称紫禁城，是明清两代的皇家宫殿。外朝是举行大典的地方，内廷是皇帝和皇后居住的正宫。皇帝很少出宫走动，主要的活动都在宫内进行。

●乾清门前的铜狮子

耷拉着耳朵，寓意"非礼勿听"。宁寿宫前的铜狮子耳朵下垂，眉毛遮眼，寓意后宫不得干政。

●养心殿"明窗开笔"仪式

每年正月初一，皇帝会穿上庄重的龙袍，在金瓯永固杯中注满屠苏酒，然后点燃蜡烛，写下吉祥祝语，祈望国家安定、风调雨顺。

金瓯永固杯●

脊兽

太和殿脊兽总共有十件（不包括第一个仙人），是所有古建筑当中最多的。

脊兽数量越多，宫殿地位越高。

故宫约有八千七百间房，建筑依据布局
与功用分为"外朝"与"内廷"两部分。

天坛：皇帝祭天之所

　　天坛是明清两代皇帝祭天和祈祷五谷丰收的地方，面积比故宫还要大。居京城"天地日月"诸坛之首。

● **天心石**

圜（yuán）丘上层台面中心的圆形石板叫"天心石"。据说，人站在天心石上，说话声音格外洪亮。

● **圜丘**

圜丘建筑所用的汉白玉石块不是九块，就是十八块；不是十八块，就是二十七块……都是九的倍数，象征九重天。

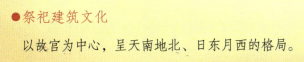

● 祭祀建筑文化

以故宫为中心，呈天南地北、日东月西的格局。

地坛

用于祭祀地神。

故宫

月坛

用于祭祀月神。

日坛

用于祭祀日神。

天坛

用于祭祀皇天。

● 天坛祈年殿

明十三陵与长城：文化遗产之一

雄狮

xiè zhì
獬 豸

骆驼

象

麒麟

马

明十三陵

　　明十三陵是明朝迁都北京后的皇家陵寝。明朝一共有十六位皇帝，其中十三位皇帝的陵墓在这里。定陵和其他陵墓比起来有点特殊，它是十三陵中唯一被挖掘的陵墓。

牌楼●

●神道

　　陵区的主陵道，神道两侧是石人和石兽组成的"仪仗队"。

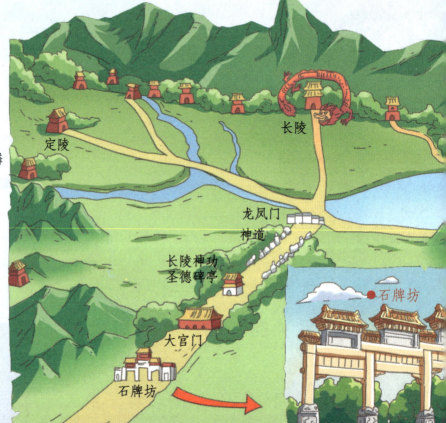

长陵

定陵

龙凤门
神道

长陵神功
圣德碑亭

●石牌坊

大宫门

石牌坊

赑屃

赑屃是龙生九子之一，是我国古代的一种祥兽。它外行似龟，多用以驮负石碑。古语"龙生九子不成龙，各有所好"，说的就是龙的九个儿子性情不一样，而且都不是龙。

● 关隘

八达岭长城

看！长城像一条横卧在山岭之间的巨龙！

著名学府：探访学霸聚集地

北京大学和清华大学都属于我国高等学府中的顶尖学府，是莘莘学子心中美好的向往。

北京大学

北京大学是我国近代第一所国立综合性大学，前身是京师大学堂，自建校以来一直享有崇高的声誉和地位。

在北京大学的校园中有一些来自圆明园的文物：

●华表　　●石麒麟　　●丹墀（chí）

著名的"一塔湖图"是指：
博雅塔，未名湖，图书馆。

●图书馆

●博雅塔

●未名湖

清华大学

前身清华学堂。校名"清华"源于校址"清华园"地名。从建校初期，清华大学就主张"古今贯通、中西荟萃"，形成了著名的"清华学派"和"清华学风"。

●水木清华

清华园中的景点，被称作清华园"园中之园"。

朱自清●

朱自清于 1925 年任清华大学教授，1928 年出版了第一本散文集《背影》。

●闻一多

清华学子，民主斗士。

●清华园

国家游泳中心（水立方）

2008 年北京奥运会游泳、跳水等奥运赛事的比赛场地。远远望去，场馆就像由一个个水泡组成的方盒子。

●游泳

跳水●

奥运会游泳项目包含自由泳、仰泳、蛙泳、蝶泳、混合泳等多个小项。

2008 年北京奥运会，中国跳水队赢得七枚金牌，战绩辉煌。

●足球

●田径

奥运特辑：回味体育盛宴

每隔四年，全世界最优秀的体育运动员就会齐聚一堂，参加奥运盛会。2008年，中国北京市承办了第29届夏季奥运会，奥运会场馆是奥运会留给北京的宝贵财富。

晶晶是一只大熊猫。

贝贝是鱼，是水上运动高手。

欢欢是奥林匹克圣火。

迎迎是一只藏羚羊。

妮妮是北京传统沙燕风筝。

● **北京奥运会吉祥物**

五个福娃的名字连在一起读就是"北京欢迎你"。

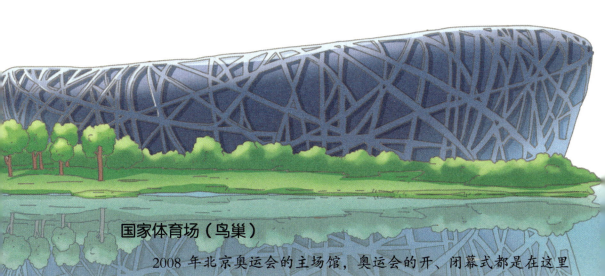

国家体育场（鸟巢）

2008年北京奥运会的主场馆，奥运会的开、闭幕式都是在这里举办的。这个可容纳近十万人的体育场是用钢网"编织"而成的，像个温馨的鸟巢，孕育着生命。

卢沟桥：历史的见证者

卢沟桥是北京现存最古老的联拱石桥，桥身雕有大小石狮 501 只。

卢沟桥的狮子

卢沟桥的狮子因数量多且藏在隐蔽处，故有"卢沟桥的狮子——数不清"的歇后语。

●石狮子

推荐阅读：课文《卢沟桥的狮子》。

有十座桥墩，共十一个桥孔。

●永定河

卢沟桥事变

　　1937 年 7 月 7 日，日本侵略者向卢沟桥发起攻击，宛平城驻军奋力反击，这就是卢沟桥事变，也称七七事变。

●宛平城

　　桥东的石碑上刻着清乾隆皇帝御书的"卢沟晓月"，是燕京八景之一。

卢沟晓月

胡同

　　在北京，胡同是一种特有的、古老的城市小巷，这里蕴藏着浓厚的京味。老北京人对胡同有特殊的感情，它不仅是家门口的通道，更是一座座"文化博物馆"。

挂灯笼

遛鸟

在胡同打闹

坐黄包车

下棋

卖糖葫芦

胡同与四合院：老北京记忆

老北京的生活气息就在胡同的角落里，在四合院的一砖一瓦里。

● 清朝时期的北京城

四合院

四合院经历了元、明、清三代发展，是北京传统民居的典型代表。它四面有房屋，合围在一起，中间是院子。现在北京很少见到完整的四合院了。

右图为一座二进院民居四合院

● 正房和旁边的耳房

正房居住，耳房储存粮食等。

西厢房

正院

● 东厢房和厨房

前院

● 门口的八字影壁

四合院里处处洋溢着浓郁的民族文化气息。

· 23 ·

河北印象

　　河北简称"冀",地处中原地区,自古有"燕赵多有慷慨悲歌之士"之称,是英雄辈出的地方。悠久的历史给河北留存了众多的文物古迹。此外,河北兼有海滨、平原、湖泊、丘陵与高原,自然资源丰富。

白洋淀

燕山

　　塞外通中原的屏障,自古为战略要地。

驴肉火烧

　　起源于河北保定、河间一带的传统小吃。

地道战

　　抗日战争时期,由河北保定蠡(lǐ)县人民发明的作战方式。

· 24 ·

西汉长信宫灯

山海关

军事要地，明长城的起点，号称"天下第一关"。

刘胜金缕玉衣

武强年画

流行于河北武强县的民间年画。

白石彩绘散乐浮雕

赵州桥

石家庄：火车拉来的城市

石家庄以前只是一个小小的村庄，后来有两条铁路穿过，小村庄迅速发展成了大城市。所以，有人说石家庄是一座火车拉来的城市。

赵云——常山赵子龙

常山即历史上的常山郡，在石家庄元氏县。

正定古城

曾与保定、北京并称为"北方三雄镇"。

西柏坡

曾是中共中央所在地，辽沈、淮海、平津战役的指挥中心。

缸炉烧饼

革命圣地西柏坡

苍岩山悬空寺

荣国府

　　按照《红楼梦》中的描述所建造的仿古建筑群。

赵州桥：挺立千年的石拱桥

赵州桥有"天下第一桥"之称，是世界上跨径最大、现存年代最久远的单孔敞肩型石拱桥。它有一千四百多岁了，经历过十次水灾、八次战乱和多次地震，依旧坚挺。

● 小桥洞

平时，河水从大桥洞流过，发大水的时候，河水还能从小桥洞流过。这样桥就不容易被大水冲毁了。

● 河北民歌《小放牛》

赵州桥来什么人修
玉石栏杆什么人留
什么人骑驴桥上走
什么人推车压了一趟沟

赵州桥来鲁班爷修
玉石栏杆圣人留
张果老骑驴桥上走
柴王爷推车压了一趟沟

● 洨（xiáo）河

● 李春

隋朝人，设计并参与建造了赵州桥。

赵州桥桥面两侧的石栏上雕刻着各种蛟龙、兽面、竹节、花饰。

赵州桥造好了，张果老在驴车里装上"太阳"和"月亮"，柴荣推着"五岳名山"，他们闻讯赶来，开口便问：这桥能不能两个人走？鲁班不以为意地说："这么坚固的石桥，还经不起你们两个人走吗？"

不料上桥以后，留下了几处"仙迹"：

●膝盖印和车辙印

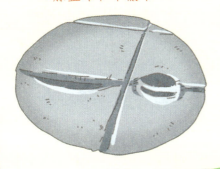

赵州桥●

柴荣推车用力过猛，压出了膝盖印和车辙印。

张果老留下了驴蹄印和斗笠颠落压出的圆坑。

鲁班托桥留下的手印。

承德避暑山庄：四大名园之一

　　避暑山庄曾是皇帝的行宫，是康熙皇帝为了巩固北部边防，同时保证休闲避暑而建造的"办公室"。

山峦区　　平原区

湖泊区

宫殿区

● 烟波致爽殿

皇帝接受后宫朝拜之地，康熙三十六景之首。

烟波致爽殿

四知书屋

松鹤斋

钟楼

宫殿区

●永佑寺舍利塔

仿杭州六和塔而建。

永佑寺舍利塔

●烟雨楼

仿嘉兴烟雨楼而建。

芝径云堤

●芝径云堤

仿杭州西湖苏堤
而建。

烟雨楼

芝径云堤

湖泊区

清东陵：始于顺治皇帝

　　历代皇帝住的房子都很大，他们对去世后要住的"房子"也很有要求。有一次，顺治皇帝打猎路过一块山清水秀的宝地，便决定在这里修建陵寝，即清东陵。

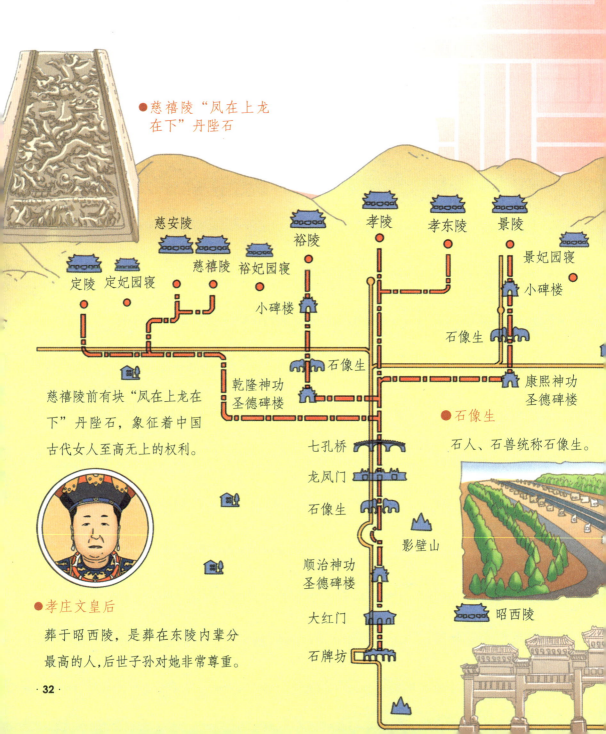

●慈禧陵"凤在上龙在下"丹陛石

慈安陵　　慈禧陵　　裕妃园寝　　裕陵　　　孝陵　　孝东陵　　景陵

定陵　定妃园寝　　　　　　　　　　　　　　　　　　　　　景妃园寝

小碑楼

乾隆神功圣德碑楼　　石像生

康熙神功圣德碑楼

七孔桥

龙凤门

石像生

影壁山

顺治神功圣德碑楼

大红门

石牌坊

昭西陵

慈禧陵前有块"凤在上龙在下"丹陛石，象征着中国古代女人至高无上的权利。

●孝庄文皇后

葬于昭西陵，是葬在东陵内辈分最高的人，后世子孙对她非常尊重。

●石像生

石人、石兽统称石像生。

· 32 ·

顺治　康熙　乾隆　咸丰　同治

● 清朝有十二位皇帝，这五位葬在了清东陵。

● **神功圣德碑楼**
记载皇帝生平功绩的建筑，俗称大碑楼。

● **隆恩殿**
供奉顺治帝及其两位皇后的神牌、供品和举行祭祀的主要场所。

景皇贵妃园寝

道光遗址

二郎庙

惠妃园寝　惠陵

小碑楼

● **石牌坊**
陵园的标志。

● **明楼**
陵寝的最高楼。

北戴河： 消夏避暑之地

　　北戴河不是一条河流，而是河北省秦皇岛市的一个区，因为位于戴河以北，所以命名为北戴河。北戴河有沙滩、湿地、长城，风景众多。

●孟姜女哭长城的故事

山海关

　　你知道名扬四海的"天下第一关"吗？它的名字叫山海关。山海关是一个四方形的关城，古时候，这里是从东北进入中原的必经之路。

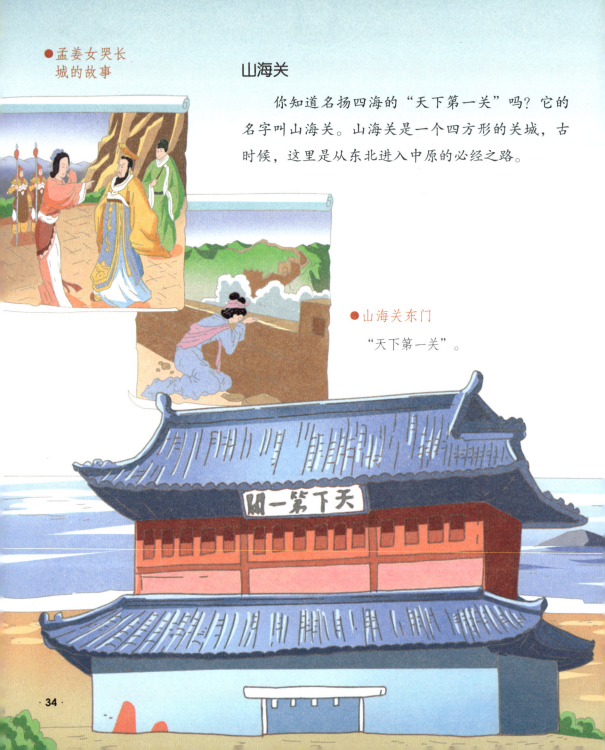

●山海关东门

　　"天下第一关"。

●别墅区

●老龙头

　　这里是明长城的东部起点，入海石城像龙首探入大海，因而得名"老龙头"。

●鸽子窝公园

　　这里曾是野鸽的栖息地，崖顶的鹰角亭很适合看日出。

北戴河海滨风光

　　这里有漫长的海岸线、交错的沙滩和礁石，是观鸟、观海和观日出的绝佳之地。

●赶海、挖螃蟹

野三坡：世外桃源

野三坡以"野"著称，山水泉洞、鸟兽鱼虫、林木花草、文物古迹无所不包，堪称"天然植物园""野生动物的天堂""世外桃源"。

● 野鸭子　　● 褐马鸡　　　● 鸳鸯　　　● 松鼠　　　● 黑鹳

拒马河

古称涞水、巨马河，它横穿野三坡，造就了独特的喀斯特地貌。拒马河沿岸风光酷似桂林山水，有形如鬼斧神工的峡谷奇观，有幽深奇异的溶洞，还有神秘离奇的怪泉。

● 海棠花

● 冰川杜鹃

鱼谷洞

　　奇泉怪洞。

百里峡

　　峡谷如刀削斧劈，奇石兀立，有"天下第一峡"的美誉。

白洋淀：风景秀丽的绿洲

白洋淀是河北省最大的湖泊，看上去"很胖"。湖里生长着大面积的芦苇、千亩连片的荷花，湖边还有叽叽喳喳的水鸟。人们可以划小船在芦苇荡里穿梭。

●莲藕

●捕捞鱼虾

观看渔民拉网捕鱼，与渔民一起下淀捕鱼、挖莲藕，体验渔家生活。

●野鸭子

●芦苇

●荷花

荷花大观园

我国北方最大的自然生态观赏园，园中有中外名贵荷莲近七百种。

●芦苇荡

每逢春夏秋季，淀中的芦苇郁郁葱葱，游船穿行其间，就像进了迷宫。曾经就有一个抗日小英雄——张嘎，利用这里的环境，把日本侵略者耍得团团转。

●划木船

坝上：风吹草低见牛羊

　　"坝上"特指由草原陡然升高而形成的地带。坝上草原天高气爽，坝缘山峰如簇，接坝区域森林茂密，珍奇遍野，趣味无穷。

●大风车

●鹿

●羊　　●牛

张北坝上

　　坝上的风很大，于是人们在这里建了许多大风车，利用风力发电。

木兰围场

　　木兰围场是清朝皇帝的狩猎场。清朝前半叶，皇帝为了检查军队的战斗力，每年都率领大臣和军队来这里举行狩猎活动。

● 塞罕坝

　　这里曾经是一片荒漠，是塞罕坝三代人的努力，把荒漠变成了绿洲，创造了一个奇迹。

种树对防风固沙很有帮助：

树冠能降低风速。

树叶能吸收大量飘尘。

树根能够稳固土壤，减少土壤被雨水冲刷而流失。

天津印象

天津简称"津"，是直辖市，自古为拱卫京畿（jī）的要地和门户。天津有着独特的海河文化、饮食文化，历史造就了天津中西合璧、古今兼容的独特城市风貌。

相声

民间说唱曲艺，说逗俱佳。

天津话

天津话识别性很高，声调起起落落，听起来有趣，这也是天津相声有名的一个原因。

天塔

天津站

天津之眼

天津永乐桥上的摩天轮，天津地标之一。

狗不理包子

煎饼馃子

杨柳青年画

锅巴菜

十八街大麻花

泥人张

泥人张彩塑是传统民间艺术品，创始人叫张明山。

耳朵眼炸糕

天津名小吃，旧时因店铺紧靠耳朵眼胡同而得名。

古文化街

天津老字号店、民间手工艺品店的集中地。

西开教堂

解放桥

世纪钟

天津市为了迎接新世纪而建的大型城雕建筑。

意式风情街

这里曾是意大利租界，街区紧挨着海河，有成群的意大利风情建筑。穿梭其间，仿佛置身于马可·波罗故乡的古老小镇。

海河

海河及沿岸：
津门入海处

海河是天津的母亲河，横贯天津闹市区，沿岸的风光最能代表天津。

天津之眼

世界上唯一一座桥上瞰景的摩天轮。

解放桥

原名"万国桥"，连接着天津老火车站和租界地，因当时的天津有九国租界，故得此名。天津解放后改名为"解放桥"。

五大道：民国旧居风情

　　五大道是一个街区，由五条道路组成，所以称作"五大道"。这里保留了千余座欧洲风格的建筑、百余处名人故居，被称为"万国建筑博览会"。

马场道

　　马场道是五大道地区修筑最早、最宽、最长的马路。

疙瘩楼

睦南道

　　这里有许多名人故居，小洋楼风格各异。

张学铭旧居

地标钟 ●

● 香港大楼旧址

民园西里

五大道上的文化
艺术街区。

民园广场

该广场位于五大道的中心，为天
津"五大道景区"中地标性景点之一。

47

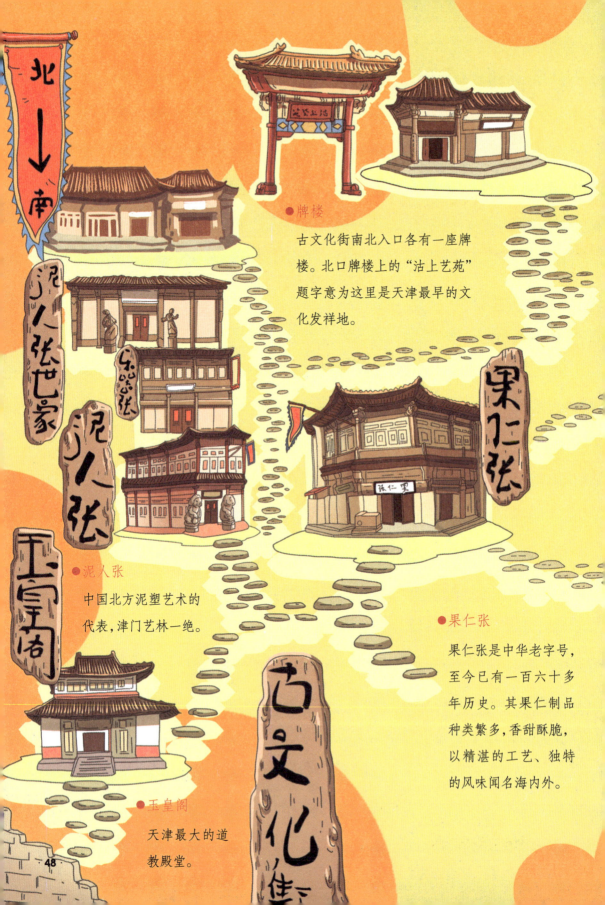

北 → 南

泥人张世家

乐器张

泥人张

玉皇阁

● 牌楼

古文化街南北入口各有一座牌楼。北口牌楼上的"沽上艺苑"题字意为这里是天津最早的文化发祥地。

果仁张

张仁里

● 泥人张

中国北方泥塑艺术的代表，津门艺林一绝。

● 果仁张

果仁张是中华老字号，至今已有一百六十多年历史。其果仁制品种类繁多，香甜酥脆，以精湛的工艺、独特的风味闻名海内外。

古文化街

● 玉皇阁

天津最大的道教殿堂。

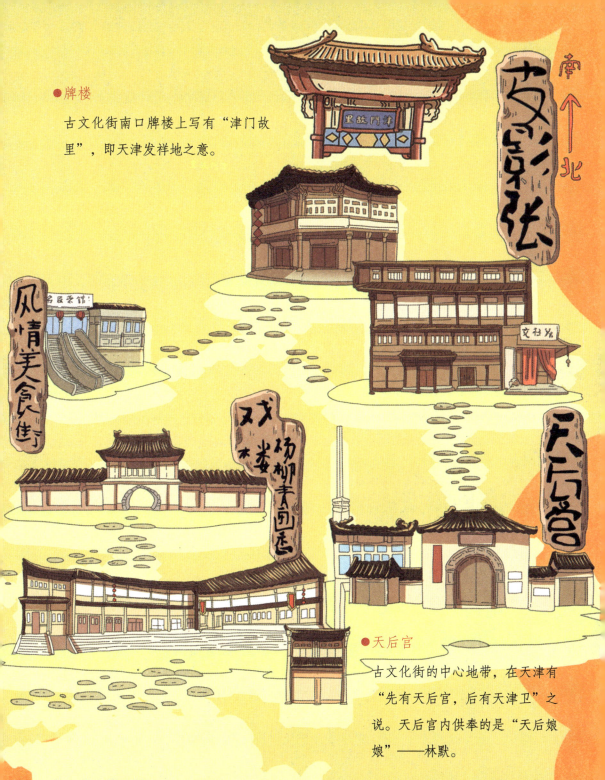

● 牌楼

古文化街南口牌楼上写有"津门故里",即天津发祥地之意。

南↑北

古文彩张

风情美食街

名居茶馆

文社名

戏娄 杨柳青画店

天后宫

● 天后宫

古文化街的中心地带,在天津有"先有天后宫,后有天津卫"之说。天后宫内供奉的是"天后娘娘"——林默。

古文化街:津门故里

由仿清式店铺组成的街道,天津民间手工艺品集中地。

瓷房子：古瓷博物馆

瓷房子是一座用古董瓷片、水晶石和玛瑙装饰的法式洋楼。房子用到的瓷器和瓷片年代从汉代一直跨越到清代，被称作价值连城的"中国古瓷博物馆"。

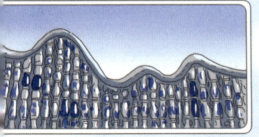

房顶上标有 china，china 指的是瓷器。

外面的围墙叫"平安墙"，取谐音"瓶安墙"，是用大小不一的瓷瓶粘贴而成的。

西开教堂：穿越百年的古建

西开教堂是天津市最大的罗马式建筑。教堂可以用来举办婚礼，能容纳一千五百人。

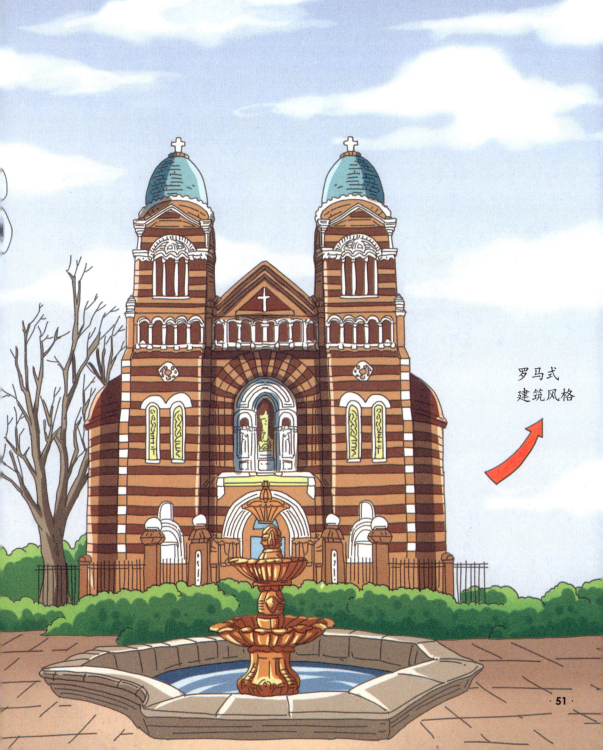

罗马式
建筑风格

名校故居：人文底蕴

天津自古就有文化之都的美称，拥有多所百余年历史的学校及百余处历史名人故居。

"花堤蔼蔼，北运滔滔。"

——敬摘《北洋大学校歌》

● **北洋纪念亭**

天津大学的标志性建筑，镌刻着北洋大学—天津大学史略，简要叙述了学校的百年办学历程。

天津大学

天津大学原名北洋大学，前身是由光绪皇帝批准创办的"北洋大学堂"，是中国第一所现代大学。

张学良故居

张学良在 1927—1932 年间的
常住寓所。

●张学良

●赵一荻

南开大学

教育部直属重点综合性大
学，周恩来总理的母校。

●西南联大纪念碑

南开大学的西南联大纪念碑于
2007 年落成于大中路的尽头。
这座碑是按昆明西南联大原址
的纪念碑复制而成的。

山西印象

山西简称"晋"，居太行山以西，被誉为"华夏文明的摇篮"，尧、舜、禹均曾在晋南建都。清朝时期晋商闻名中外，各地兴建的晋商大院成为建筑杰作。

五台山大白塔

煤

平遥古城

云冈石窟

枣馍

刀切馍

醋

应县木塔

大同铜火锅

莜面栲栳栳

王家大院

刀削面

太原：历经风霜的千年古城

太原是一座文化底蕴深厚的历史名城，建城两千五百多年，有"龙城宝地"之誉。传说上古时期，尧在太原建都。历史上，包括隋炀帝杨广、唐高祖李渊等都曾在太原任职过。

永祚寺

民间俗称双塔寺，始建于明万历年间。"祚"（zuò）有请求神灵保佑的意思。

崇善寺

始建于唐朝，初名白马寺，曾既是佛教寺庙，又是皇家祖庙。

晋祠

　　山西古建筑群，为纪念周武王之子叔虞而建。周朝的古柏树、宋朝的彩塑和难老泉合称"晋祠三绝"。

蒙山大佛

云冈石窟:
佛教艺术的集大成者

云冈石窟是由一代代、一批批的能工巧匠创造出的艺术宝库,有一千五百多岁了。石窟里的雕像最大的有十几米高,最小的比手掌还小。

● **五华洞**

中部9~13窟,清代晚期被施以彩绘,五个洞窟异常华丽,被称为"五华洞"。

昙曜五窟

　　昙曜五窟是西部编号为 16、17、18、19、20 的五窟。在昙曜五窟的五尊佛像上能看到北魏历代皇帝的影子。

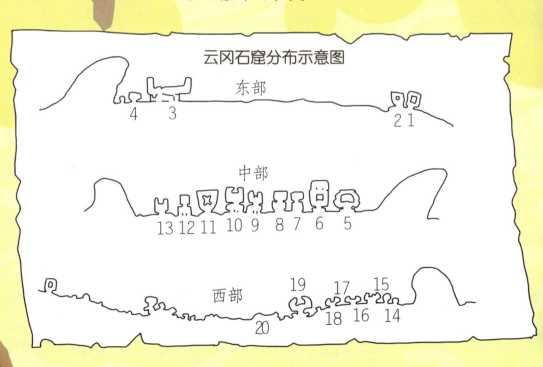

云冈石窟分布示意图

东部
4　3
2 1

中部
13 12 11　10 9　8 7　6　5

西部
　　　　　　　19　　17　15
20　　　　　　　18　16　14

山西大院：民居建筑的典范

　　山西现存明清时期的古民居数千处，其中晋商大院最为精彩，它们是晋商繁荣文化的建筑印记。

● 乔家三宝：

乔家大院

　　双"喜"字形院落，寓意大吉大利。

重达一吨的犀牛望月镜

能监视一万人的万人球

慈禧赠送的九龙灯

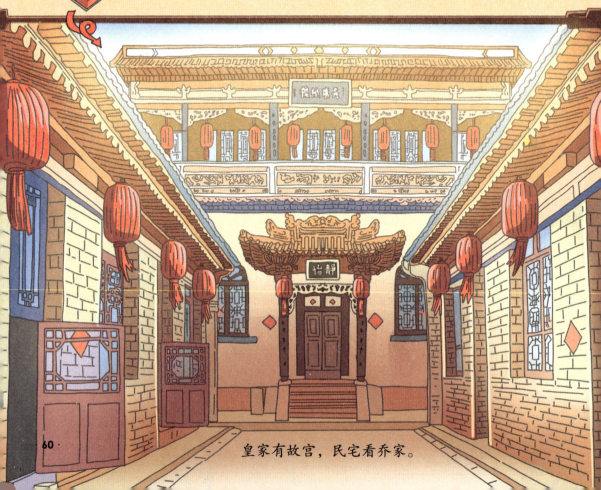

皇家有故宫，民宅看乔家。

王家大院

王家大院由历史上灵石县四大家族之一的静升王家所建，是一座由豆腐坊发展而来的"民间故宫"。

● "三雕艺术"

砖雕——狮子滚绣球

木雕——雀替

石雕——石猴

五台山：佛教圣地

　　五台山是中国佛教四大名山之一，因五座山峰峰顶平坦如台，故名五台。五台山同时也拥有丰富的地质结构，被誉为"中国地质博物馆"。

●菩萨顶

●释迦文佛真身舍利塔

五台山标志性建筑。

恒山：北岳名山

"五岳"之一，被列为北岳，自古就有"塞北第一山"的称号。恒山以道教闻名，山上分布着许多道观，还建有著名的悬空寺。

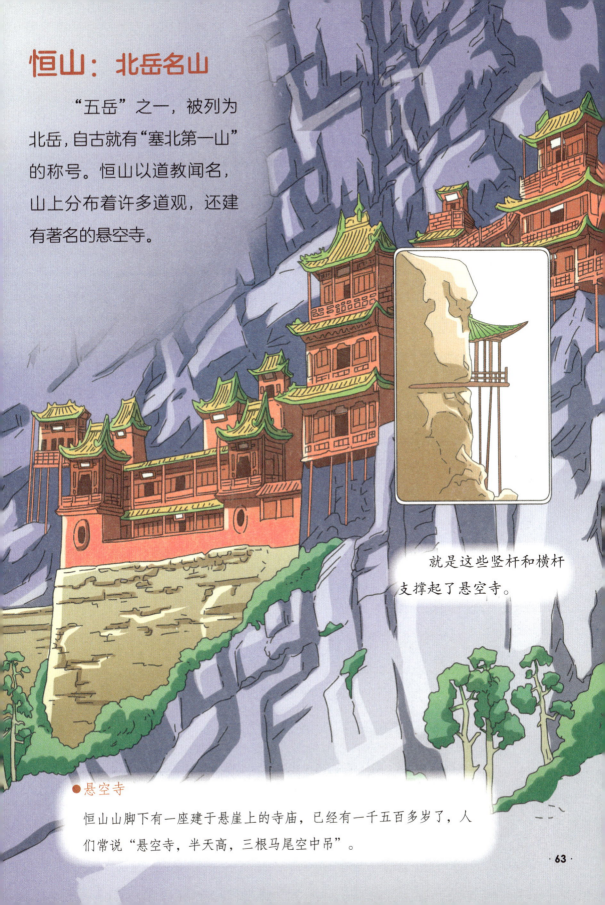

就是这些竖杆和横杆支撑起了悬空寺。

●悬空寺

恒山山脚下有一座建于悬崖上的寺庙，已经有一千五百多岁了，人们常说"悬空寺，半天高，三根马尾空中吊"。

内蒙古印象

　　内蒙古自治区简称"内蒙古"，提到内蒙古，不能只想到大草原，其实还有沙漠、森林以及豪爽好客的蒙古族人民，更有盛大的那达慕大会。

那达慕大会

　　草原上的狂欢节，主要活动项目为男子"三艺"：摔跤、赛马和射箭。

● **骑马**

　　豪放的蒙古族人民喜欢策马扬鞭，比比谁的马儿好，谁的骑术高。

● **射箭**

　　比赛时，射手在疾驰的马背上瞄准箭靶，箭只要一射中靶心，靶心就会掉下来。

● **摔跤**

　　蒙古式摔跤称为搏克，已有近两千年的历史。

马头琴

成吉思汗

即铁木真，他建立了大蒙古国。

敖包

即人工堆成的"石头堆"，起初它是道路和境界的标志，后来演变为祭神和祈祷的象征。

烤全羊

牛肉干

奶茶

马奶酒

呼和浩特：青色的城

呼和浩特是华夏文明的发祥地之一。"呼和浩特"是蒙古语，意为"青色的城"。

昭君墓

中国乳都

这里的环境非常适合奶牛生活，一些知名牛奶企业在这里都建有工厂。

● 阿拉坦汗铜像

阿拉坦汗是呼和浩特的建设者，成吉思汗的第十七世孙。

大召寺

清真寺

满洲里国门：边境名片

地处中国和俄罗斯的边境。登上国门，能看到俄罗斯境内的建筑、街道。

套娃 ●

套娃是俄罗斯的玩具，同样图案的空心木娃娃一个套一个，最多能套十多个呢。

五塔寺

将军衙署

沙漠，胡杨：百折不挠

　　内蒙古西部几乎都被黄沙覆盖，只能零星看到几种植物和偶尔出现的骆驼队。在如此荒芜的地方，河流几乎干涸，植物很难生存，胡杨树却展现出了顽强的生命力。它就像守护在沙漠中的一道屏障，人们叫它"沙漠守护神"。

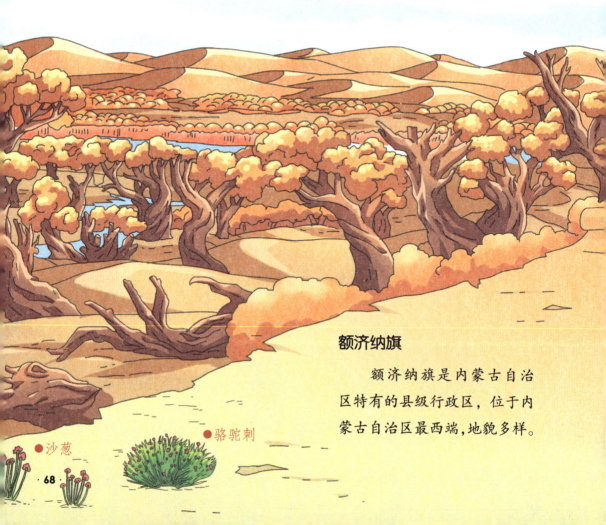

额济纳旗

　　额济纳旗是内蒙古自治区特有的县级行政区，位于内蒙古自治区最西端，地貌多样。

●沙葱

●骆驼刺

阿拉善沙漠

这里黄沙漫天，堆积成一座座沙山，远远看去就像金山一样。

● 黑水城遗址

西夏时期重要的边防要塞，充满了神秘传说。

● 胡杨

这种树有神奇的魔力，人们赞美它们"生而千年不死，死而千年不倒，倒而千年不朽"。

●沙漠中的骆驼队

千万别等孩子大了才去旅行！孩子大了，你就老了

带孩子游中国

上海·江苏·浙江·安徽·山东
江西·福建·台湾

青蓝图书/编著

·华东地区·

北京日报出版社

图书在版编目（CIP）数据

带孩子游中国. 华东地区 / 青蓝图书编著. –– 北京:
北京日报出版社, 2023.3（2024.3重印）

ISBN 978-7-5477-4581-6

Ⅰ.①带… Ⅱ.①青… Ⅲ.①华东地区—概况—少儿
读物 Ⅳ.① K92-49

中国国家版本馆 CIP 数据核字 (2023) 第 029443 号

带孩子游中国　华东地区

出版发行：北京日报出版社
地　　址：北京市东城区东单三条 8-16 号东方广场东配楼四层
邮　　编：100005
电　　话：发行部：（010）65255876
　　　　　　总编室：（010）65252135
印　　刷：亿联印刷（天津）有限公司
经　　销：各地新华书店
版　　次：2023 年 3 月第 1 版
　　　　　　2024 年 3 月第 2 次印刷
开　　本：710 毫米 ×1000 毫米　　　1/16
总 印 张：27
总 字 数：350 千字
总 定 价：120.00 元（全 6 册）

目　录

中国地域辽阔，国土面积排名世界第三；中国历史悠久，有几千岁了；中国人口众多，有五十六个民族，民俗文化丰富多彩。

高

中

低

中国的大江大河几乎都发源于青藏高原。

中国的地势就像高低排列的阶梯。

长江

长江是中国第一长河，世界第三长河。

甲骨文

青铜器

茶叶

中国是茶的故乡。

中国有五十六个民族，每个民族都有自己独特的传统文化。

春节

吃团圆饭,看春节联欢晚会。

乒乓球

乒乓球是中国的"国球"。

中国传统节日

元宵节

赏花灯,吃汤圆。

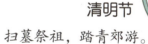

黄河

黄河是中国第二长河,是中华文明的主要发祥地,被称为"母亲河"。

清明节

扫墓祭祖,踏青郊游。

中秋节快乐

端午节

吃粽子,赛龙舟。

重阳节

登高赏秋,感恩敬老。

中秋节

赏月,吃月饼。

上海迪士尼度假区

上海简称"沪"或"申"，是一座历史悠久的文化名城，拥有深厚的文化底蕴和众多海派建筑。上海也是一个多元化的国际大都市，从骨子里散发出丝丝缕缕的城市情调。

闵浦大桥

中华艺术宫

老上海风情

环球金融中心

徐家汇天主教堂

武康大楼

城隍庙

风雅与市井的浓缩

东方明珠广播电视塔

生煎馒头

上海人习惯称"包子"为"馒头"。

弄（lòng）堂

南翔小笼包

留声机

蟹壳黄

开洋葱油面

蟹黄汤包

缝纫机

外滩：体验黄浦江畔的繁华

外滩是上海的城市名片，是上海最亮丽的风景线。在外滩，可以领略到黄浦江的迷人风采，欣赏风格迥异的万国建筑群。

●太空舱（351 米）

●观光层（263 米）

东方明珠广播电视塔

上海的标志性建筑。

陆家嘴

与外滩隔江相对，矗立着东方明珠广播电视塔、金茂大厦等众多高楼大厦。

黄浦江

万国建筑群

　　外滩矗立着一片租界
时期的房子，它们风格迥
异，造型独特，是近代上
海历史的缩影。

●日清大楼

●亚细亚大楼

●上海总会大楼

●上海中心大厦

金茂大厦●

●中国通商银行大楼

●震旦国际大楼

豫园：沪上名园的江南味道

明代江南名园，上海五大古典园林之一，代表了城市日渐远去的士大夫的风雅。

城隍庙

城隍庙的香火代表着经年累月的市井繁华。

田子坊：古韵与现代相融

由老上海的石库门演变而成，拥有浓厚的上海弄堂风情。

过街楼

又叫骑楼，指跨在街道或弄堂上的楼，底下可以通行。

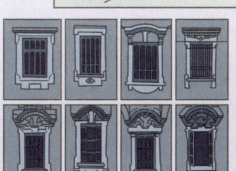

石库门

上海最有代表性的民居建筑。

崇明岛：长江门户

崇明岛是长江入海口处的冲积岛屿，是我国第三大岛，也是我国最大的沙岛。岛上土地肥沃，林木茂盛，物产富饶。

●崇明岛村镇

●东平国家森林公园　　　●长江口芦苇荡

东滩候鸟保护区

　　这里水洁土净，肥沃的土地孕育了一望无际的芦苇荡，众多野生鸟类集居于此。春秋两季时，这里群鸟飞舞、天鹅游弋。

11

江苏印象

江苏简称"苏"，自古经济繁荣，教育发达，文化昌盛。这里的每座城市都有一段厚重的历史，每一个古镇都是一幅宁静的画卷。

昆曲

小桥流水

江南园林

花果山

糖藕

鸡头米

扬州炒饭

赤豆小圆子

大闸蟹

松鼠桂鱼

苏式面

南京：东南门户，南北咽喉

南京有"东南门户，南北咽喉"之称，曾为六朝古都，人杰地灵。它是一座园林城市，萦绕着历史的沧桑兴衰，流淌着文人墨客的遐想和情思。

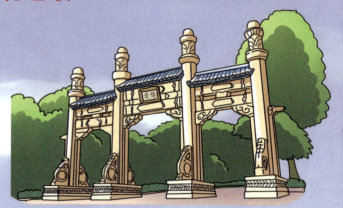

中山陵

鸡鸣寺

康熙皇帝曾登临寺院，并题书"古鸡鸣寺"大字匾额。

总统府

孙中山曾在此宣誓就职中华民国临时大总统。

盐水鸭

桂花糖芋苗

夫子庙

中国古代文化枢纽之地，金陵历史人文荟萃之地。

鸭血粉丝汤

秦淮河

夫子庙秦淮风光带是南京最具代表性的文化景观。

苏州园林：驰名中外

苏州园林素有"江南园林甲天下，苏州园林甲江南"之誉。作为宅院合一的宅邸园林，苏州园林小巧、自由、精致、淡雅。

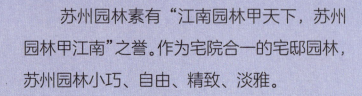

虎丘

虎丘为"吴中第一名胜"，苏东坡曾写道："尝言过姑苏不游虎丘，不谒阊（yè lú）丘，乃二欠事。"

耦（ǒu）园

耦园为一宅两园的布局，"耦"与"偶"相通，指佳偶连理。

留园

留园三绝：冠云峰、楠木殿、鱼化石。

狮子林因园内石峰林立，多状似狮子而得名。

狮子林

网师园

拙政园

拙政园是苏州最大的古典园林，与北京颐和园、承德避暑山庄、苏州留园一起被誉为中国四大名园。全园以水为中心，山水萦绕，厅榭精美，花木繁茂，具有浓郁的江南水乡特色。

周庄古镇

　　江南的粉墙黛瓦、小桥流水成就了周庄水乡之韵。这里历经九百多年沧桑，仍完整地保存着原本的风貌与格局。

●沈万三

●万三蹄

●海棠糕

●走马楼

水乡古镇：
依河筑屋，依水成街

古朴的石板路，精致的雕栏，幽暗深长的小巷……春水碧于天，画船听雨眠。乘一条船悠悠摇晃在小河之上，聆听船娘婉转的江南小调，陶醉在古镇香气中。

退思园●

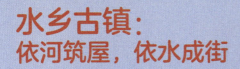

同里古镇

拥有"水巷小桥多，人家尽枕河"的独特景观。

太湖鼋头渚:
酷似神龟的名胜

鼋（yuán）头渚是太湖之滨的一个半岛，因状如浮鼋翘首而得名。鼋头渚被认为是太湖境内的桃花源，是观赏太湖烟波的绝佳地点。

● 红嘴鸥

"太湖佳绝处，毕竟在鼋头。"

——郭沫若

●长春桥

●樱花楼

鼋头渚是世界三大赏樱胜地之一，种植有数万株各类樱花，是国内最大的樱花专类园。

●乘船游太湖

盐城湿地：生态乐园

　　盐城是湿地之都，丹顶鹤的家园，也是麋鹿的故乡，有着世界占地面积最大的麋鹿保护区。

●郁金香

●荷兰花海

盐城大丰有一片色彩斑斓的郁金香种植区。

●丹顶鹤

●麋鹿

大丰是麋鹿的故乡，这里专门为麋鹿提供了一个"家"。

花果山：酷似《西游记》中的胜境

《西游记》中，孙悟空居住的地方叫作花果山，连云港也有一座花果山，和《西游记》中描述的花果山几乎一样，山里生活着许多猴子。

●花果山猴子

●三元宫

●水帘洞

●玉女峰

●阿育王塔

●迎曙亭

花果山

大好河山 入圣超凡

大圣遗景

周恩来故居：红色圣地忆伟人

周恩来总理诞生于江苏淮安，曾在此度过了十二个春秋。

●古树

一棵是榆树，一棵是观音树，都一百多岁了。

●邓颖超纪念园

●周恩来纪念馆主馆

周恩来总理铜像

兴化油菜花：油画中的垛田景观

江苏兴化有一片垛田，每当清明节前后，油菜花开，纵横在交错的河道里，随风飘荡，风光旖旎。

●油菜花

东坡肉

嘉兴粽子

宁波汤圆

丝绸扇子

清河坊

京杭大运河武林门码头

"天堂胜景出古城，自古俊秀多浙江。"浙江简称"浙"，人杰地灵，人文荟萃，山水相依，铸成了灿烂的江浙文化。

断桥

雷峰塔

三潭印月

灵隐寺

钱塘江大潮

27

杭州：鱼米之乡，丝绸之府

"上有天堂，下有苏杭"，杭州是座美丽的城市，钱塘江在这里掀起惊天浪潮，大运河在这里开启。

打着丝绸伞的女子

西溪国家湿地公园

被称作"杭州之肾"。

宋城

杭州市第一个大型人造主题公园，主体建筑依据《清明上河图》而建。

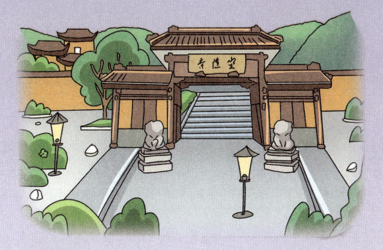

葱包桧儿

用春饼包卷油条、葱、甜面酱烤制而成。

灵隐寺

坐落于西湖西面的灵隐山麓,是杭州最早的名刹。

片儿川

龙井茶

钱塘江

龙井虾仁

西湖

西塘古镇：水乡风景线

西塘是江南六大古镇之一，以"桥、弄、廊棚"为特色，是古代吴越文化的发祥地之一。

石皮弄

它最窄处不足一米，露出一条狭长的天空，故有西塘"一线天"的说法。

烟雨长廊

乌镇：枕水人家

乌镇被誉为"中国最后的枕水人家"，完整保存着晚清和民国时期的风貌和格局。

白莲塔寺

西栅露天電影

局郵鎮烏

乌鎮西栅郵政代辦分局

姑嫂饼

乌镇传统名小吃，当地流传着这么一首民谣："姑嫂一条心，巧做小酥饼，白糖加椒盐，又糯又香甜。"

钱塘江：观潮胜地

钱塘江古称浙江，浙江省的名字由此而来。钱塘江的江潮被誉为"天下第一潮"，是世界一大自然奇观。

钱塘江大潮

钱塘江夜景

乘船夜游，看江水在灯光照耀下波光粼粼，两岸景色如梦如幻。

太阳

月球

引力

引力

地球

月球和太阳的吸引力，让江水汹涌
奔腾，潮声如雷。

千岛湖：天下秀水

千岛湖岛屿星罗棋布，群集处众岛似连非连，形成湖上迷宫景观。

●玉米粿（guǒ）

●神仙豆腐

其实，这些不是岛屿，而是一个个小山顶。

梅峰览胜

"不上梅峰观群岛,不识千岛真面目。"登上梅峰岛观景台,无限风光尽收眼底。

淳安古城——贺城

这座千年古城带着它们的记忆,沉入了水底。

月光岛

岛上的情园以锁文化为主题。

雁荡山：东南第一山

雁荡山素有"海上名山"之誉，因山顶有湖，芦苇茂密，结草为荡，南归秋雁多宿于此，故名雁荡。

● 雁荡山的形成

大约一亿两千万年前，地下的温度急剧上升，岩浆喷发出来，形成了雁荡山。

楠溪江

●灵岩飞渡

●灵岩寺

大龙湫

　　大龙湫瀑布就像巨龙一样猛扑下来，气势雄壮。

灵岩夜色●

灵岩

　　一座高数百尺、长约百丈的巨岩。

普陀山：佛教名山

普陀山是中国佛教四大名山之一，有"海天佛国"之称。

南海观音立像●

●普陀三寺

普济禅寺、法雨禅寺、慧济禅寺。

●素斋——烧素鹅

●南天门

鲁迅故里：
三味书屋与百草园

鲁迅先生青少年时期生活过的地方，是解读鲁迅作品、立体感受鲁迅当年生活情境的场所。

●百草园

鲁迅儿时经常来这里玩耍。

●三味书屋

曾是鲁迅求学的地方。

推荐阅读：鲁迅散文
《从百草园到三味书屋》

●鲁迅

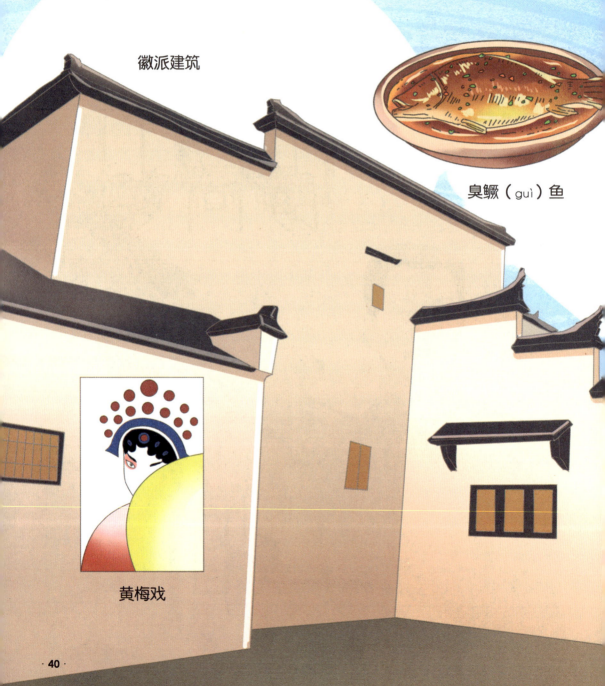

安徽印象

安徽简称"皖"，是中华民族两大文化起源的交汇地带，历史悠久，文化璀璨，拥有秀美壮丽的山岳景观，"物华天宝，人杰地灵"是对安徽的真实写照。

徽派建筑

臭鳜（guì）鱼

黄梅戏

黄山烧饼

包拯

板面

笔墨纸砚

　　中国独有的文书
工具，即文房四宝。

黄山

合肥：淝河的发源地

合肥古称庐州，是包拯的家乡，也是谜语"两个胖子拥抱"的谜底。合肥是江南之首，中原之喉，淝水蜿蜒穿城而过。

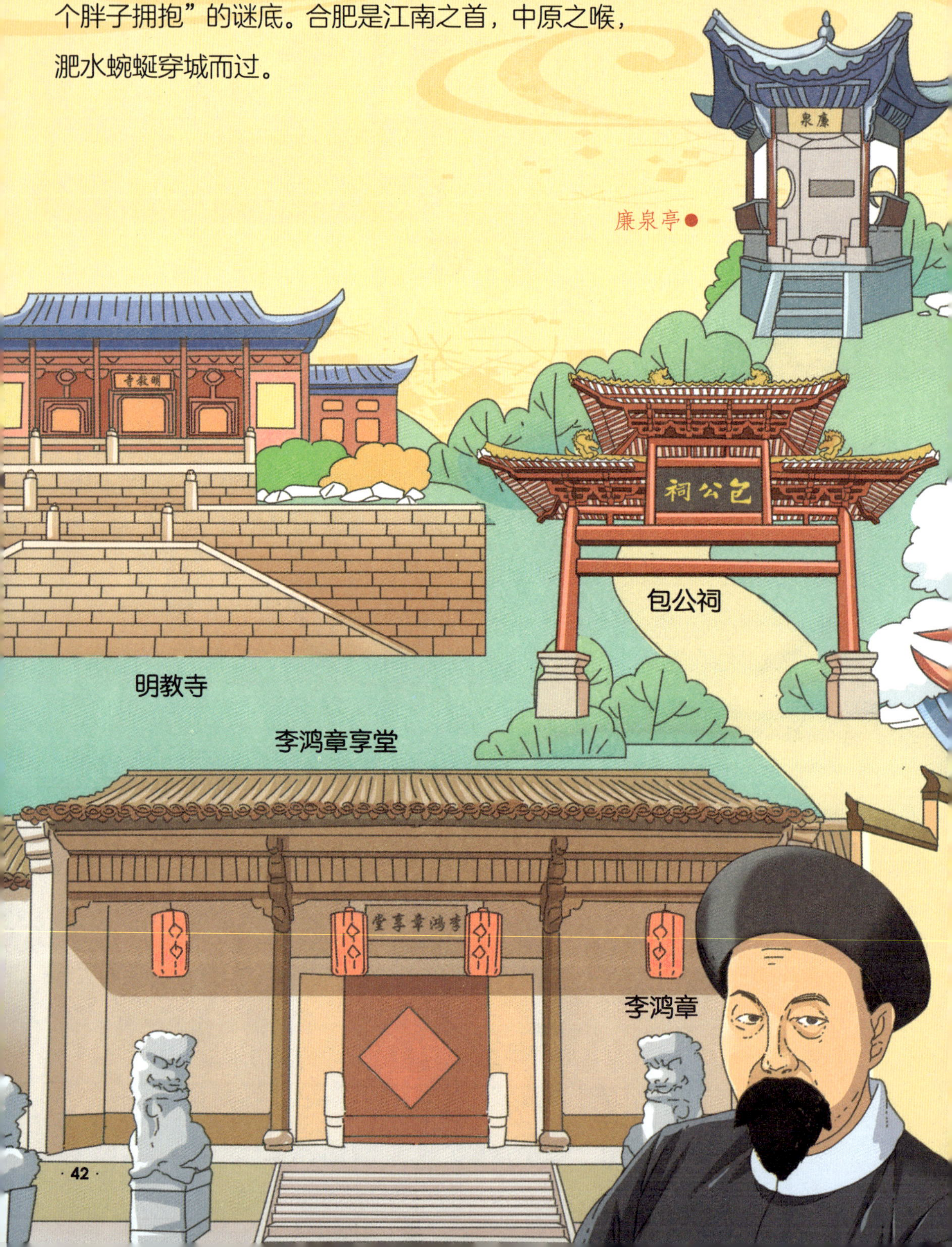

廉泉亭●

包公祠

明教寺

李鸿章享堂

李鸿章

牛角大圩（wéi）

清风阁

合肥龙虾

三河古镇

合肥大剧院

· 43 ·

黄山：天下第一奇山

"五岳归来不看山，黄山归来不看岳。"黄山奇峰险峻，奇松、怪石、云海等令人称绝，被誉为"天下第一奇山"。

● 迎客松

● 飞来石

● 云海

黄山云海神奇壮观，峰石在云海中时隐时现，似真似幻，犹如仙境。

● 温泉

●鳌鱼峰

●光明顶

古水系

水穿堂过屋，汇成月沼。

水经月沼最终注入南湖。

●月沼

又称为"牛胃"。

●水圳（zhèn）

被称为"牛肠"。古人在上游建造人工水渠，把水引入村中。

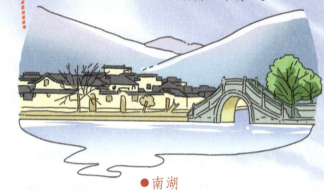

●南湖

南湖是"牛肚"。

徽州古村落：粉墙黛瓦油菜花

徽州是徽商故里，徽文化的发祥地，山、水、人、文一派和谐。星罗棋布的村落是徽州的独特风景，宏村在这些古村落中保存最为完整、最具代表性，它是古黟桃花源里一座奇特的牛形古村落，享有"中国画里的乡村"之美称。

●承志堂

有"民间故宫"之称。

●南湖书院

保存完整的古代书院。

山东印象

　　山东简称"鲁"，素有"孔孟之乡，礼仪之邦"的美誉。在这片齐鲁大地上，千年中华文化吐纳百代，生生不息，亘古绵延。

山东老乡联谊

诸葛亮

颜真卿

齐桓公　　　　孔子

孙子

辛弃疾

李清照

王羲之

潍坊（wéi fāng）风筝

济南泉城广场

刘公岛

五嶽獨尊

泰山

昂頭天外

大葱

山东章丘的大葱最高能长到两米。

蓬莱阁

煎饼卷大葱

德州扒鸡

糖醋里脊

菏泽牡丹

台儿庄古城

49

千佛山

古称历山，虔诚的教徒依山沿壁在这里镌刻了众多的石佛。

趵突泉

被誉为"天下第一泉"。

济南：久负盛名的泉城

济南素有"泉城"的美誉，泉水是济南的根、济南的魂。灵山秀水、亭台楼阁使得这座历史名城不失江南的玲珑婉约，又兼具北方的质朴与大气。

推荐阅读：老舍
《济南的冬天》

解放阁

泉城广场

大明湖

大明湖素有"泉城明珠"的美誉，早在唐宋时期就以其撼人心弦的美景而闻名四海。

泰山： 气势雄浑的五岳之首

泰山自古有"五岳独尊""天下第一山"的美誉，"会当凌绝顶，一览众山小""泰山压顶不弯腰"等名言诗句都彰显了泰山的地位。

推荐阅读：
杜甫《望岳》

● "五岳独尊"石刻

● 玉皇顶

泰山的主峰之巅，历史上多位帝王亲登泰山。

红门游览线

历朝皇帝的登山御道。

● 泰山十八盘

泰山登山盘路中最险要的一段，共有石阶一千六百余级。

● 红门宫

● 望人松

曲阜三孔：儒客圣地

　　曲阜是中华民族始祖先皇古帝的发祥地、殷商故都、儒家学派创始人孔子的故乡。孔庙、孔府、孔林，统称"三孔"。

孔府

　　是我国仅次于明清皇帝宫室的府第，也是孔子世代嫡裔居住的地方。前厅是府衙，用于办公，后园是花园。

孔子聖像

孔庙

我国历代封建王朝祭祀孔子的庙宇，是我国最大的祭孔要地。

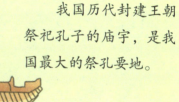

孔林

孔子及其后代的墓园，也是目前世界上延续时间最久、面积最大的氏族墓地。

●小鱼山

海上名山第一

●圣弥厄尔教堂
青岛最大的哥特式建筑。

崂山
被誉为"海
上第一名山"。

●总督府邸

圣保罗教堂●

· 56 ·

青岛：闻名遐迩的滨海之城

　　青岛是一座海滨城市，岬湾相间，沙软滩平，海岸曲折。市区内多有名人故居和各色建筑，造型迥异，人文风情浓郁。

青岛啤酒

　　青岛啤酒声名远扬，用塑料袋装啤酒是青岛独有的景象。

青岛大包

● 回澜阁

栈桥

　　与青岛同龄的建筑，长长的栈桥深入青岛湾，成了青岛的标识之一。

青岛老洋房

● 花石楼　　● 望火楼　　● 欧人监狱

曾经是青岛最高的建筑物。

江西印象

庐山瀑布

江西简称"赣（gàn）"，既有灿烂的古代文明，又有光荣的革命传统。

景德镇

婺（wù）源

油菜花与徽派建筑相得益彰。

井冈山

井冈山是江西名山，自古有"郴衡湘赣之交，千里罗霄之腹"之称。近现代，中国革命的星星之火在此点燃，并走向胜利，因此也被誉为"中国革命的摇篮"。

滕王阁

江南三大名楼之一，有"西江第一楼"的美誉。

瓦罐汤

赣南脐橙

烟水亭

相传为三国时名将周瑜的点将台。

南昌：秋水共长天一色

　　南昌自古受到君王和文人墨客的眷顾，被称为"物宝天华，人杰地灵"之地，也是全国著名的英雄城市，被誉为"军旗升起的地方"。如今更是一座拥有深厚文化底蕴的现代化都市。

●在鄱阳湖觅食的候鸟

鄱阳湖

　　我国最大的淡水湖，世界上最大的候鸟栖息地。"落霞与孤鹜齐飞，秋水共长天一色"描述的就是鄱（pó）阳湖。

赣江

　　赣江是江西的代名词，南北流贯江西省。

八一广场

南昌市的心脏地带，江西省最大的城市中心广场。

● 纪念碑

八一大桥

推荐阅读：王勃
《滕王阁序》

滕王阁

江南三大名楼之一。因初唐诗人王勃诗句"落霞与孤鹜齐飞，秋水共长天一色"而流芳后世。

名山大川

江西不仅古迹众多，山川也名扬海外。一道道山岭给江西带来了山路"十八弯"的阻隔，也成就了江西的秀美，孕育了别样的民俗风情。

● "巨蟒出山"石

三清山

道教名山，这里的花岗岩地貌颇具风格，峰林造型丰富。

推荐阅读：苏轼《题西林壁》

庐山

诗人偏爱庐山，苏轼曾写道："不识庐山真面目，只缘身在此山中。"

庐山的云雾天气频繁，一年中的大半时间都被雾气笼罩。

● **庐山如琴湖**

　　因湖面形如小提琴而得名湖，湖中有曲桥、亭榭、花径。

● **三叠泉**

　　古人称"匡庐瀑布，首推三叠"，溪水分三叠飞泻而下，极为壮观，固有"不到三叠泉，不算庐山客"之说。

● **牯岭**

　　位于庐山中心，是一座美丽繁荣又独特的"云中山城"。

● **庐山西林寺和东林寺**

　　西林寺小巧紧凑，秀丽严谨；东林寺规模宏大，气势雄伟。

景德镇：历史悠久的瓷器重镇

景德镇素有"瓷都"之称，自五代开始生产瓷器，明清时期成为全国的制瓷中心。

●古窑民俗博览区

●雕塑瓷厂

制瓷的过程

①练泥

用大木槌按一定的顺序反复捶
打搅拌，排出空气。

④修坯

⑤晒坯

②拉坯制作雏形

⑥刻花，施釉

③印坯定形

⑦烧窑

福建印象

福建简称"闽"，妈祖的传奇、客家的故事、惠安女的淳朴、南音锦歌、闽南语歌谣等无不折射出福建独特的八闽文化。

妈祖

武夷山

土楼

土楼是世界独一无二的大型民居形式，被称为中国传统民居的瑰宝。

采茶

惠安女

惠安女吃苦耐劳，穿着极富地方色彩。

鼓浪屿

四果汤

佛跳墙

烧肉粽

南音

南音是福建闽南地区的传统音乐，历史悠久，为世界级非物质文化遗产之一。

海蛎煎

沙县小吃

福州：榕树之城

福州别称"榕城"，福州人从北宋时期开始广泛种植榕树，如今"满城绿荫，暑不张盖"。

宫巷

林则徐纪念馆

油纸伞

榕树

福州市树。

闽江

闽江夜景

衣锦坊　　　冰心故居　　　南后街

乌山乌塔　　于山白塔　　花生汤

福州鱼丸

温泉

福建土楼：客家人的聚居地

福建土楼也叫客家土楼，早在宋朝就出现了。客家人非常团结，喜欢聚族而居。他们同族的几百人可以同住一楼。

土楼内部

这些圆形或方形的土楼一环套一环，看起来和其他地区的民居建筑完全不一样。

唯一的大门

土楼建造的过程

①挖地基

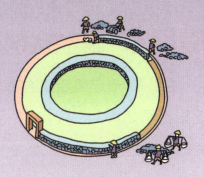

②用鹅卵石垒砌墙脚、填塞缝隙

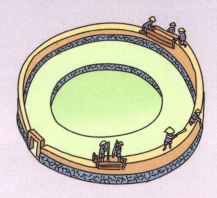

③用夯土封堵工具夯筑土墙

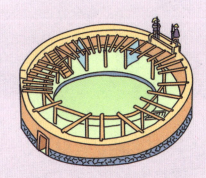

④每一层都挖出凹槽搁置楼层木龙骨

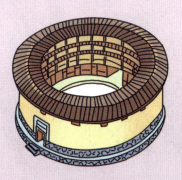

⑤铺瓦封顶

在过去，土楼可以防御外敌，保护族人。因为土楼高大坚固，里面能储存很多粮食，还可以饲养牲畜。

厦门：气候宜人的海上花园

厦门是一座风姿绰约的"海上花园"，这里四季如春，气候宜人，是全国环境最美的城市之一。

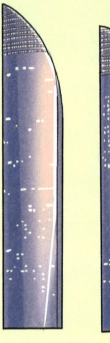

厦门世茂海峡大厦

沙茶面

厦门大学

中国近代教育史上第一所华侨创办的大学。

鼓浪屿

一个宁静美丽的小岛，有许多保存完好的中外建筑物。

●日光岩

●郑成功像

●八卦楼

●菽庄花园

●芙蓉湖

●上弦场

●群贤楼

●芙蓉隧道

名山大川

福建是个多山的地方，古有"东南山国"之称。境内山峰、丘陵众多，山地连绵起伏，有"八山一水一分田"之说。

武夷山

武夷山以"丹霞地貌"著称于世，素有"碧水丹山"的美誉。

●大王峰

●鹰嘴岩

●玉女峰

●大红袍母树

大红袍是"茶中之王"，一共有三棵六株。

武夷山地形复杂，茶叶全部为人工采摘和运输。

丹霞地貌是红色岩层上形成的千姿百态的奇石地貌。

大金湖

大金湖这片水域上方有成片的水上丹霞地貌，除了常见的红色石峰、石墙、石柱，还能看到许多巨大的洞穴。

太姥（mǔ）山

"海上仙都"，以花岗岩峰林岩洞为特色。古人有诗赞之："太姥无俗石，个个皆神工。"

烧仙草

台湾省简称"台"，与福建省隔台湾海峡相望，是一座美丽富饶的岛屿，有"祖国宝岛"之称。提到台湾，我们总会想到阿里山、日月潭、凤梨酥等代表性景观与美食。

台北故宫博物院

摩托车

蚵仔煎

凤梨酥

"棺材板"

牛肉面

卤肉饭

垦丁鹅銮鼻灯塔

芒果沙冰

阿里山小火车

芋圆

台北

台北市是台湾省的省会，是台湾北部观光游览的中心，是一座现代化的大都市。

台北101大楼

台北的标志性建筑。

台北故宫博物院

仿照北京故宫博物院设计，背山面溪，黄墙绿瓦，巍峨壮观，藏有众多稀世珍宝。

阳明山

　　有"台北后花园"的美称。

台北淡水渔人码头

北投温泉

　　北投地区温泉非常多。

阿里山

在阿里山，登山之旅异常有趣，人们可以在山脚下乘坐森林火车直达山顶。

●阿里山小火车

日月潭

日月潭是天然淡水湖，看起来像一颗"蓝宝石"。日月潭中间有一座孤岛叫光华岛，以此岛为界，湖水一分为二。北部形如圆日，称为日潭；南部形似弯月，称为月潭，故得名日月潭。

野柳地质公园

在台湾省北部的海岸线上，有一个"天然雕塑馆"，那里拥有很多奇形怪状的"雕塑"。这些"雕塑"叫野柳，是突出海面的岬角，在海蚀风化及地壳运动的作用下，形成了如此奇特的景观。

● 女王头

野柳地质公园的象征，台湾旅游业的一张名片。女王头本身是一个蕈（xùn）状石，由于它的神态像极了昂首静坐的尊贵女王，大家才特别称它为"女王头"。

● 姜岩

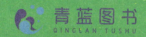

带孩子游中国

河南·湖北·湖南·广东·广西
香港·澳门·海南

青蓝图书 / 编著

·中南地区·

北京日报出版社

图书在版编目（CIP）数据

带孩子游中国 . 中南地区 / 青蓝图书编著 . −− 北京：
北京日报出版社，2023.3（2024.3 重印）

ISBN 978-7-5477-4581-6

Ⅰ . ①带… Ⅱ . ①青… Ⅲ . ①中南地区—概况—少儿
读物 Ⅳ . ① K92-49

中国国家版本馆 CIP 数据核字（2023）第 029438 号

带孩子游中国　中南地区

出版发行：北京日报出版社
地　　址：北京市东城区东单三条 8-16 号东方广场东配楼四层
邮　　编：100005
电　　话：发行部：（010）65255876
　　　　　　总编室：（010）65252135
印　　刷：亿联印刷（天津）有限公司
经　　销：各地新华书店
版　　次：2023 年 3 月第 1 版
　　　　　　2024 年 3 月第 2 次印刷
开　　本：710 毫米 ×1000 毫米　　　1/16
总 印 张：27
总 字 数：350 千字
总 定 价：120.00 元（全 6 册）

目 录

中国地理图鉴

中国地域辽阔，国土面积排名世界第三；中国历史悠久，有几千岁了；中国人口众多，有五十六个民族，民俗文化丰富多彩。

高　中　低

中国的大江大河几乎都发源于青藏高原。

中国的地势就像高低排列的阶梯。

甲骨文　青铜器

茶叶

长江

长江是中国第一长河，世界第三长河。

中国是茶的故乡。

中国有五十六个民族，每个民族都有自己独特的传统文化。

春节

吃团圆饭，看春节联欢晚会。

乒乓球

乒乓球是中国的"国球"。

元宵节

赏花灯，吃汤圆。

黄河

黄河是中国第二长河，是中华文明的主要发祥地，被称为"母亲河"。

清明节

扫墓祭祖，踏青郊游。

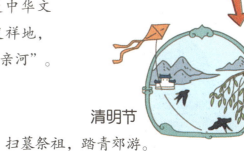

中秋节快乐

端午节

吃粽子，赛龙舟。

重阳节

登高赏秋，感恩敬老。

中秋节

赏月，吃月饼。

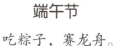

03

河南印象

河南简称"豫"，是中华文明和中华民族最重要的发祥地之一，因历史上大部分地区位于黄河以南，故名河南。河南素有"九州腹地、十省通衢"之称，自古以来，许多帝王为了争夺河南而发动战争。

少林功夫

龙门石窟

清明上河园

以画作《清明上河图》为蓝本建造而成。

豫剧

烩面

胡辣汤

后母戊鼎

迄今世界出土最大的青铜礼器。

刻辞卜骨

出土于安阳殷墟的"甲骨之王"。

洛阳牡丹

洛阳有"千年帝都，牡丹花城"的美誉，而牡丹则有"国色天香"之称。

古都风采：中原文化之所在

"一部河南史，半部中国史。"中国八大古都，河南拥有四座：洛阳、开封、安阳、郑州。

郑州

郑州是一座历史悠久的古城，早在两千多年前就是九州的中心禹州。

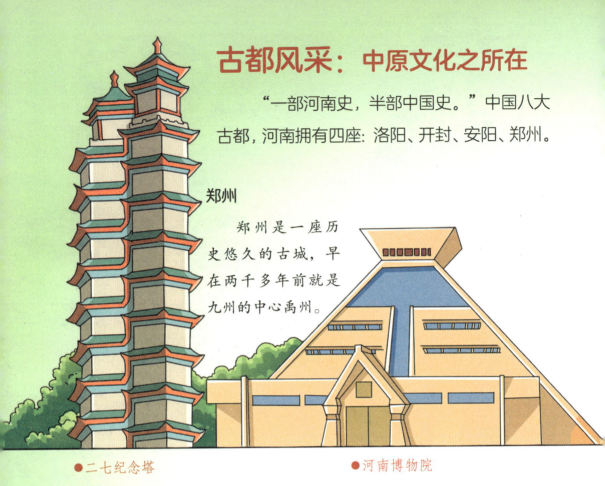

● 二七纪念塔　　　　　　　● 河南博物院

安阳

文字之都。甲骨文就是在这里被发现的。

● 殷墟　　　　　　　　　● 文峰塔

洛阳

兵家必争之地，是我国古代建都最早、朝代最多、历时最长的都城。

●龙门石窟

开封

开封作为曾经的北宋都城东京城，是当时世界第一大城市，也是《清明上河图》的创作地。

●开封府

嵩山少林：中国功夫的发祥地

嵩山是我国"五岳"之一，科学家推测嵩山有三十多亿年的历史了。家喻户晓的少林寺就建在古老的嵩山上。

●少林寺塔林

我国现存规模最大的古塔群。古塔散布如林，故称塔林。

少林寺

三教（儒教、佛教、道教）聚集中岳，少林武功名扬天下。因坐落于嵩山腹地少室山茂密丛林之中，故名"少林寺"。

●少林功夫

以禅入武，习武修禅，有"武术禅"之称。

嵩山

"五岳"之"中岳"，文化底蕴深厚，《诗经》中有"嵩高维岳，峻极于天"的名句。

● **峻极峰**

历代皇帝封禅的嵩山之巅。

● **书册崖**

山体褶皱，就像书架上排列有序的书籍。

龙门石窟：四大石窟之首

位于洛阳伊水两岸，是北魏、唐代皇室贵族发愿造像最集中的地方。

● 飞天

● 莲花

孝文帝造窟

孝文帝迁都洛阳后，为了推行汉化政策，他下令开凿石窟。

● 龙门山

龙门山上凿有著名的龙门石窟。

● 伊阙（quē）

即龙门，因两山对峙，伊水中流，如天然门阙而得名。

● 白居易

唐代诗人，晚年常居于香山寺中。

● 香山

又称龙门东山，盛产香葛，白居易葬于此地。

红旗渠：创造奇迹的人工河

修建于太行山悬崖绝壁上，历时十年，被世人称为"人工天河""人间奇迹"。

红旗渠原是在太行山腰修建的引漳（浊漳河）入林（林县）工程，改名红旗渠，意为高举红旗前进。

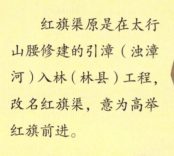

● **红旗渠**

总干渠全长 70.6 千米，历时 10 年，林州人用简单的工具削平了 1250 座山头。

周恩来总理曾对红旗渠的建设倾注了很多心血，红旗渠建成后，他自豪地告诉国际友人："新中国有两大奇迹，一个是南京长江大桥，一个是林县红旗渠。"

● 青年洞

红旗渠总干渠主要工程之一，从鬼斧神工、陡峭如切的崖壁上穿过。因参加凿洞的是三百名优秀青年，故取名为"青年洞"。

太行石壁名言：苦不苦，想想长征两万五；累不累，想想革命老前辈。

湖北印象

湖北简称"鄂",因位于洞庭湖以北而得名,境内湖泊众多,有"千湖之省"之称。提到湖北,我们不禁会想到热干面、三峡大坝、楚文化等。

武当山

三峡大坝

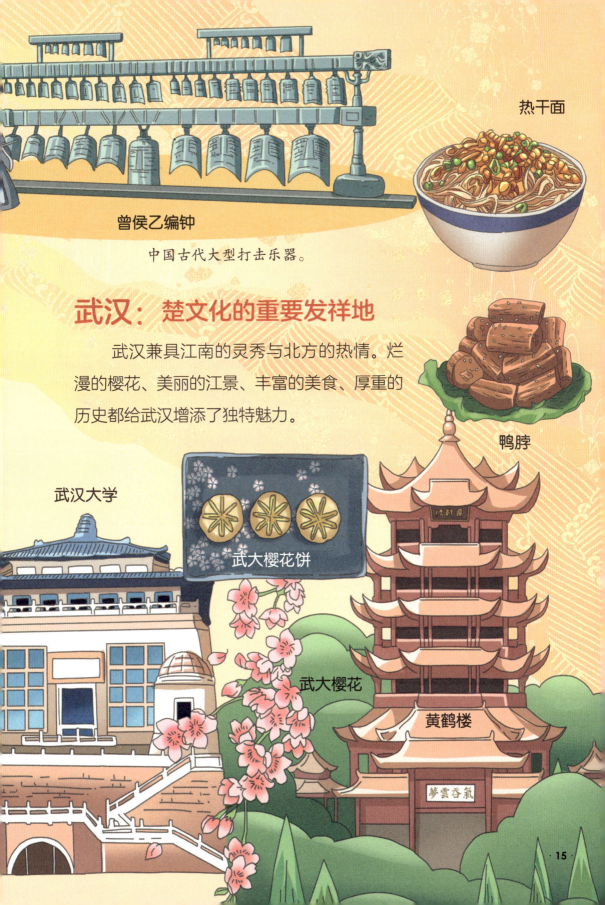

热干面

曾侯乙编钟

中国古代大型打击乐器。

武汉：楚文化的重要发祥地

武汉兼具江南的灵秀与北方的热情。烂漫的樱花、美丽的江景、丰富的美食、厚重的历史都给武汉增添了独特魅力。

鸭脖

武汉大学

武大樱花饼

武大樱花

黄鹤楼

长江三峡：高峡出平湖

　　长江三峡西起重庆白帝城，东至湖北南津关，沿途两岸奇峰陡立、峭壁对峙，自西向东依次为瞿塘峡、巫峡、西陵峡。

瞿塘峡

　　长江的"门户"，瞿塘峡的山崖就像两扇大门。

巫峡

　　以俊秀著称天下，有诗曰："巴东三峡巫峡长，猿鸣三声泪沾裳。"

推荐阅读：
李白《早发白帝城》

● 白帝城

原名子阳城，四面环水，李白、杜甫等人曾在此留下大量不朽的诗篇。

西陵峡

　　三峡中最为神奇壮丽的峡谷。

灯影峡（西陵峡东段）中最负盛名的沙僧石。

● 三峡大坝

三峡大坝是世界上规模最大的水电站，有防洪、发电、航运等重要作用。

武当山：道教名山

武当山是道教名山，武当武术的发源地，被誉为"亘古无双胜境，天下第一仙山"。

●铜鹤

张三丰●

武当派创始人。

●武当山门

●金顶

武当山的象征。

●琼台观

●紫霄宫

●太子坡

利用陡坡开展建筑
的经典之作。

●老君堂

磨针井●

●玉虚宫

张三丰修炼之地，玉虚宫内外
有四座赑屃（bì xì）驮御碑。

●香炉

位于绝崖旁的龙头顶端，

被称为"龙头香"。

玄岳门●

神农架：华中屋脊

神农架拥有华中地区最大的原始林区，相传上古时代神农氏在这里尝遍百草，为民除害。

神农坛

分天、地二坛，是瞻仰祭祖的圣地。

● 神农塑像

牛首人身，威武古朴，双目微闭，静静思索。

● 川金丝猴

它们有着蓝色的脸，长长的尾巴，金色的毛发。据说《西游记》中美猴王的原型就是它们。

传说，古代炎帝神农氏曾
在这里尝遍百草，教百姓辨别
五谷、种粮食，为民除害。

神农顶

大巴山脉的最高峰，
有"华中屋脊"之称。

●神农氏播种浇水

●神农氏品尝高粱

恩施：绚丽多彩的鄂西之地

依山傍水的恩施，处于武汉和重庆两座"大火炉"之间，可这里一点儿都不热，反而是天然的避暑胜地。

恩施土司城

恩施土司城是土家族地区土司文化的集中体现。这里地势险要，风光独特，不仅能看到规模宏大的土司皇城，更能体会到土家族淳厚的民风民俗。

● 土家族

腾龙洞

腾龙洞是中国已探明的最大的溶洞，可容纳直升机飞进。洞内一步一景，神秘莫测。

● "一炷香"石柱

●腾龙洞

女儿城

湖南印象

　　湖南简称"湘"，是一片山明水秀的土地，一个充满诗情画意的地方。这里名人辈出，境内遍布红色遗址、遗迹；这里美食诱人，民俗风情古朴淳厚。

南岳衡山

　　以壮美的自然风光和佛、道两教并存的人文景观著称，被誉为"中华寿岳"。

张家界

湘剧

橘子洲头毛泽东
青年艺术雕塑

腊肉

剁椒鱼头

岳阳楼

洞庭天下水，岳阳天下楼。

臭豆腐

辣椒炒肉

侗（dòng）族芦笙音乐

长沙：楚汉名城

　　长沙素来以灿烂的古文化名扬天下，名城、名人、名山、名水，共同孕育出这座城市的历史神韵和文化氛围。

太平老街

古老长沙的缩影。

橘子洲头毛泽东青年艺术雕塑

湖南广播电视台

火宫殿

以臭豆腐等风味小吃享誉三湘。

岳麓山

爱晚亭

岳麓书院

口味虾

天心阁

辣椒

张家界： 山峰林立的人间仙境

张家界以石英砂岩峰林地貌及河谷地貌著称，被誉为"人间仙境""立体山水画"。

● 猴子

这里的猴子"阅人无数"，对游人见怪不怪。

● 宝峰湖

罕见的高峡平湖，四面青山，一泓碧水，风光旖旎。

● 天子山御笔峰

● 大鲵（娃娃鱼）

张家界拥有优质的生态环境，是中国大鲵最主要的原产地。大鲵因叫声和小孩的啼哭相似，所以又叫娃娃鱼。但它并非鱼类，而是两栖动物。

湖中泛舟，可观赏"一湖绿水半湖倒影"的美景。

● 张家界大峡谷玻璃桥

站在桥上往下看十分惊险。

洞庭湖：我国第二大淡水湖

洞庭湖是我国第二大淡水湖，与千古名楼岳阳楼遥遥相对。

范仲淹 ●

● "后羿射巴蛇"雕塑

传说，巴蛇是生活在洞庭湖的"捣蛋鬼"，它不仅吃动物，还袭击人类。后来，巴蛇做的坏事传到天帝耳朵里，天帝派后羿把它射杀了。

推荐阅读：
范仲淹《岳阳楼记》

● 飞鸟

● 洞庭湖

岳阳楼

江南三大名楼之一，现在仍保持着清代的形制与格局。整座建筑为纯木建造，有着独特的盔顶结构。

岳阳楼是观赏洞庭湖湖景的最佳位置，登上岳阳楼可远眺湖中的君山。

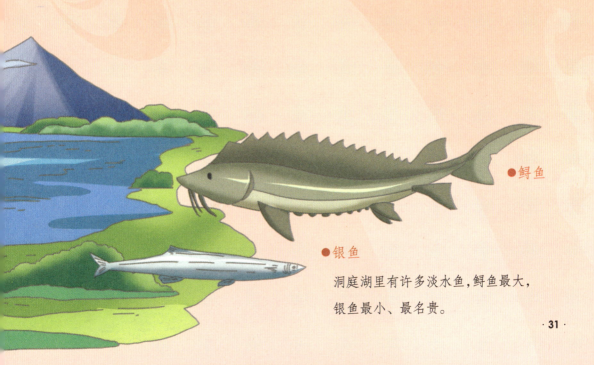

●鲟鱼

●银鱼

洞庭湖里有许多淡水鱼，鲟鱼最大，银鱼最小、最名贵。

名山：潇湘宝地的自然奇景

　　湖南有许多名声在外的山，如"桂林山水甲天下，崀山山水赛桂林"，由此可见崀山是何其美丽。又如南岳衡山，为中国五岳名山之一，是湖南最有名的山峰。

●衡山雾凇景观

　　衡山素有"神州之南最佳赏雪处"之称，其雾凇景观堪称一绝。

南岳衡山

　　一座祈愿福寿安康、延年益寿的寿岳。远远地看衡山，你会发现衡山就像一只展翅欲飞的大鸟。

崀（làng）山

相传崀山这个名字是舜帝取的。古时候，舜帝路过这里，看到此处奇山异水，说道："山之良者，崀山，崀山。"

●崀山将军石

●丹霞地貌

崀山丹霞地貌造型惟妙惟肖，红色岩层被流水侵蚀得恰到好处，丹霞峰丛高低错落，石峰、石柱形态多样。

●崀山油菜花

●崀山"鲸鱼闹海"景观

湘西风情：探寻吊脚楼

湘西有着数不清的溶洞、峡谷和泉瀑，还有独特的苗族、土家族风情，凤凰古城是其中的代表。

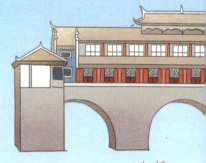

●虹桥

●沱江吊脚楼

凤凰古城

被称为中国最美丽小城之一，这座民族风情浓郁的古城有着整齐划一的吊脚楼，是中国历史文化名城，湖南十大文化遗产之一。

●万名塔

●湘西蜡染

●沱江跳岩

●沱江

沱江是凤凰古城
的母亲河。

广东印象

广东简称"粤"，古为百越之地，拥有富庶的珠江三角洲，风俗独特。

黄飞鸿

广东佛山著名武师，武艺高强，同时也是中医外科名医。

粤剧

舞狮

逢年过节民间都用舞狮来助兴。

冰室

云吞面

肠粉

荔枝

珠江三角洲

舞龙

也叫玩龙灯。

虎门销烟

白切鸡

潮汕牛肉丸

盆菜

广州：魅力羊城

广州别称"羊城""花城"，美食云集，民俗风情别具一格。

骑楼

典型的外廊式建筑物，可以避风雨、防日晒。

越秀山上的五羊雕塑

喻示羊城人民丰衣足食，是广州城市的标志。

石室圣心大教堂

国内现存最宏伟的双尖塔哥特式建筑之一，可与法国的巴黎圣母院相媲美。

珠江是中国南方最大水系，它穿过广州，哺育了广州人民，孕育了广州的历史文化与人文情怀。

广州塔

珠江

霸王花

生滚粥

虾饺

叉烧包

蛋挞

老火靓汤

广东人喜欢喝汤，且历史悠久，煲汤是他们生活中必不可少的一部分。

烧卖

丹霞山：丹霞地貌的命名地

丹霞山是丹霞红层被切割形成的一片红色山群，"色如渥丹，灿若明霞"，各种奇石令人惊叹。

● 僧帽峰

地势险峻，四面皆为绝壁，因山似僧帽而得名。

● 锦石岩

因岩石色彩斑斓，红似丹砂、红霞，故称"锦石"或"锦岩"。

丹霞山门 ●

●茶壶峰

由红色砂砾岩构成，绝壁耸
立、绿树覆盖。因其外形酷
似一把无柄茶壶而得名。

●观日亭

位于长老峰的顶部，视
野开阔，是观日出最好
的位置。

丹霞

开平碉楼：中西合璧的民居

开平碉楼最早产生于明代后期，是一种集防卫、居住和中西建筑艺术于一体的多层塔楼式乡土建筑。开平碉楼鼎盛时期有三千余座，现存一千余座。

● 安庐

与居安楼相依而立，其窗户用钢板做成，可以防弹。

● 瑞石楼

现存最高的碉楼，共九层，号称"开平第一楼"。

● 居安楼

楼高五层，第五层正面两角筑有"燕子窝"。

● 中坚楼

　　因其外形酷似机器人，故有"机器人碉楼"之称。

● 迎龙楼

　　开平最古老的碉楼，曾在抗匪和防洪的斗争中起了很大的作用。

● 方氏灯楼

　　典型的更楼，用于预警防卫。

● 日升楼与翼云楼

　　两楼并排而立、相互依偎近百年。

客家围屋就像一个大圆
形，前部分的半圆形是池塘，
后部分的半圆形是围屋。

客家围屋一般下
层住人，上层放杂物。

屋子前的池塘不仅可以养鱼，
遇到危险还能防御外敌。

客家围屋：天圆地方的围龙屋

两晋至唐宋时期，中原人口因战乱、饥荒等原因南迁，当地官员为这些移民登记户籍时，立为"客籍"，这就是客家人的由来。

为防外敌及野兽侵扰，多数客家人聚族而居，建成了围龙屋、围屋、土楼等，其中围龙屋存世最多，是客家建筑文化的集中体现。

● 客家酿豆腐

舞龙 ●

平日人们在这里晾晒粮食，节日时可以在这里举行舞龙、舞狮活动。

广西印象

广西简称"桂",给人印象最深的是"桂林山水甲天下"。其实广西历史悠久,民族风情更是多姿多彩,螺蛳粉、北海银滩、德天瀑布等都让人流连忘返。

龙脊梯田

壮族女孩

象鼻山

柳州螺蛳粉

沙田柚

桂林米粉

日月双塔

南宁：四季常青的绿城

南宁半城绿色半城楼，被称为"中国绿城"，是一座历史悠久、风光旖旎的南国名城。

航洋会展中心

广西民族博物馆

青秀山

广西铜鼓

南宁大桥

桂林山水：人民币上的风景

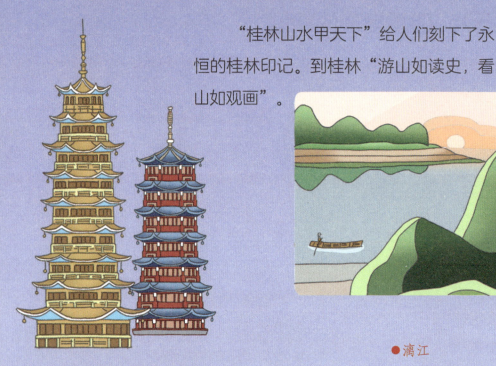

"桂林山水甲天下"给人们刻下了永恒的桂林印记。到桂林"游山如读史，看山如观画"。

●漓江

●日月双塔

●象鼻山
桂林山水的象征。

桂林米粉●

●鱼鹰

●竹筏

· 49 ·

龙脊梯田：农耕文明的奇观

龙脊梯田是桂林地区一个规模极为宏大的梯田群，那里山清水秀，春如层层银丝，夏滚道道绿波，秋叠座座金塔，冬似群龙戏水，四季各有神韵。

龙脊古壮寨

古壮寨的干栏式吊脚木楼古老且完整，其中最老的木楼有二百余年的历史了。

金坑红瑶梯田

红瑶是瑶族的一个分支，红瑶人勤劳勇敢，爱穿红色衣服，他们开垦的梯田，线条丰富多彩，景色秀丽。

平安壮寨梯田

有"七星伴月"和"九龙五虎"两大景观。"七星"是七座小山包，远远望去像七颗闪烁的星星。"九龙"是龙脊主脉分出来的九条小山梁。"五虎"是五座凸起的小山头。

寨子里有百余户壮族人家，几百年来，他们在龙脊山坡上开垦了大大小小的梯田。

●金坑大寨梯田

德天瀑布：亚洲第一跨国瀑布

德天瀑布是亚洲第一、世界第四大跨国瀑布，与越南的板约瀑布连成一体。归春河在这里遇到断崖，积蓄了许久的力量如脱缰野马一般爆发，形成了气势磅礴的德天瀑布。在这里不仅可以欣赏自然风光，还可以领略异国风情。

板约瀑布●

夏季一到，这里的水流就像一支巨大的排箫，奏出响彻山谷的绝妙音乐。

边贸集镇●

即"53号界碑"周边的边贸集镇，有很多越南边民出售酸奶、咖啡、香水、木雕、拖鞋等产品。

中国广西界

●中越53号界碑

于1896年设立。

德天瀑布●

涠（wéi）洲岛：年轻的火山岛

中国最大、最年轻的火山岛，广西最大的海岛。这里客家文化盛行，岛上有美丽的珊瑚丛、绝佳的海景、细软的沙滩和成片的火山地质景观，可以吃到新鲜的海鲜。

●西角码头

客运码头，人们从这里往返涠洲岛。

●南湾街

灯塔●

火山口

● 南湾海鲜市场

位于涠洲岛最热闹的南湾镇，渔船捕鱼回来便停在港湾处售卖海鲜。

● 圣母堂

整座教堂是用岛上的珊瑚、岩石、竹木建造而成的。

● 月亮湾

● 海蚀墩

南湾鳄鱼山

鳄鱼山远远看去就像一条绿色的大鳄鱼匍匐在海里。那里可以观赏瑰丽壮观的火山地质遗迹，感受地球的亿万年演变。

香港印象

香港简称"港"，是一座高度繁荣的都市，也是我国的特别行政区之一。街头有各式各样的购物中心，数不尽的风味小吃，就像一个文化融合的"大舞台"。

维多利亚港

海盗游船

天坛大佛

鸡蛋仔

咖喱鱼蛋

车仔面

碗仔翅

叮叮车

青马大桥

　　香港主要的建筑标志和旅游观光景点，香港的影视剧中经常出现它的身影。

金紫荆广场

迪士尼

深水埗（bù）

菠萝油

冻柠茶

冻奶茶

移动雪糕车

蛋挞

西多士

澳门印象

葡式蛋挞

澳门简称"澳"，是我国的特别行政区之一，既有古色古香的东方传统庙宇，又有庄严肃穆的天主教和欧式建筑，仿佛在诉说着近代澳门浓厚的历史文化和沧桑故事。

新马路

东望洋灯塔

金莲花广场——
盛世莲花雕塑

新马路长度不足一千米，却是澳门最繁华的历史街区，道路两旁的欧式建筑见证了澳门的历史。

葡国鸡

马介休

水蟹粥

澳门旅游塔

猪扒包

大三巴牌坊

澳门圣保禄教堂前壁的遗址，是澳门的标志性建筑之一。

玫瑰圣母堂

妈祖阁

海南印象

海南简称"琼"，是中国第二大岛，是一座风光旖旎的热带岛屿。这里的海域澄清透明，沙滩平坦柔软，椰林摇曳生姿。

南山海上观音像

椰子

椰子冻

椰子树

亚龙湾

分界洲岛

天涯海角

赤爪礁灯塔

先在山林里放养六个月

然后放在笼子里养膘

文昌鸡

糟粕醋

海南粉

清补凉

海南鸡饭

陵水酸粉

海口：椰风海韵

海口随处可见一排排挺拔的椰子树，整座城市似乎散发着椰香，是名副其实的"椰城"。椰子肉和椰子汁可以用来做椰子鸡、椰子饭，椰子壳可以做成手工艺品。

石山火山群

位于海口西南部，火山喷发后，留下了一座座天然的火山口。这里有许多宝藏，比如矿泉水。

钟楼

世纪大桥

骑楼老街   琼州海峡

　　由于海南多雨、阳光足，便出现
了可以让行人遮阴避雨的骑楼建筑。

琼台书院

五公祠

三亚：坐拥绝美海景

三亚在海南岛的最南端，有许多大大小小的港湾，素有"东方夏威夷"之称。

天涯海角

地处海南岛的最南端，对于当时生活在中原大地的先人来说，这里就是天涯海角了。

●南天一柱

正面看像一颗哲人的头颅，侧面看又像是一艘古船上升起的"双栀帆"。

●蜈支洲岛情人桥

原本是座铁索桥，当年守岛部队的海上瞭望点。

鹿回头公园

三亚因"鹿回头"而得名"鹿城"。

南山

"福如东海，寿比南山"，南山历来被称为吉祥福泽之地。

南山海上观音像●

亚龙湾

沙质细腻，海水洁净透明，被誉为"天下第一湾"。

五指山：海南地标

　　五指山因峰峦起伏形似五只手指而得名，它是海南第一高山，也是海南岛的象征。五指山遍布原始热带雨林，层层叠叠，逶迤不尽，山中还有不少山泉及湖泊，山水之景交相辉映。

　　"二指"最高，比五岳之首的泰山还高呢。

　　五指山蕴藏着海南最主要的天然林和野生动植物资源。

　　五指山是海南三大河流南渡江、昌化江、万泉河的发源地，涵养着全岛的主要水源。可以在惊险的漂流地段体验心跳加速。

呀诺达雨林：
大自然的馈赠

　　"呀诺达"是海南本土方言，意思是欢迎、你好。在那里可以体验热带雨林风情和文化习俗，呼吸森林里自然纯净的空气。

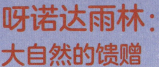

●哇哎噜玻璃观景平台

●悬崖观海秋千

●雨林谷里的流泉叠瀑

博鳌：华侨之乡，天堂小镇

博鳌因"亚洲论坛"而闻名，融江、河、湖、海、温泉、山麓、岛屿于一体，集椰林、沙滩、奇石、田园于一身。

博鳌亚洲论坛国际会议中心

博鳌亚洲论坛成立以后，默默无闻的博鳌便成为我国著名的外交平台，让世界认识了海南，也让海南走向了世界。

红色娘子军纪念园

再现了娘子军当年生活、战斗的光辉历史。

● 红色娘子军
雕像

万泉河

海南第三大河，被誉为中国的"亚马孙河"。名剧《红色娘子军》使万泉河美名远扬。

● 万泉河

南湾猴岛：猕猴自然保护区

南湾猴岛是中国唯一的岛屿型猕猴自然保护区，岛上的猕猴过着群居生活，每群猴都由一个猴王率领，若是一群猴闯进了另一群猴的地盘，就会打得难分难解。

● 猴犯档案

犯错误的猕猴会被记录在册。

猴子们平日在草地上、树林中、枝丫间旁若无人地嬉戏。有些顽皮的猴子会突然从树上蹦到游客的肩上。

● 跨海观光索道

青蓝图书
QINGLAN TUSHU

千万别等孩子大了才去旅行！孩子大了，你就老了

带孩子游中国

陕西·甘肃·宁夏·青海·新疆

青蓝图书 / 编著

·西北地区·

北京日报出版社

图书在版编目（CIP）数据

带孩子游中国 . 西北地区 / 青蓝图书编著 . -- 北京：
北京日报出版社，2023.3（2024.3 重印）

ISBN 978-7-5477-4581-6

Ⅰ . ①带… Ⅱ . ①青… Ⅲ . ①西北地区—概况—少儿
读物 Ⅳ . ① K92-49

中国国家版本馆 CIP 数据核字（2023）第 029442 号

带孩子游中国　西北地区

出版发行：北京日报出版社
地　　址：北京市东城区东单三条 8-16 号东方广场东配楼四层
邮　　编：100005
电　　话：发行部：（010）65255876
　　　　　　总编室：（010）65252135
印　　刷：亿联印刷（天津）有限公司
经　　销：各地新华书店
版　　次：2023 年 3 月第 1 版
　　　　　　2024 年 3 月第 2 次印刷
开　　本：710 毫米 ×1000 毫米　　　1/16
总 印 张：27
总 字 数：350 千字
总 定 价：120.00 元（全 6 册）

目　录

中国地理图鉴

中国地域辽阔，国土面积排名世界第三；中国历史悠久，有几千岁了；中国人口众多，有五十六个民族，民俗文化丰富多彩。

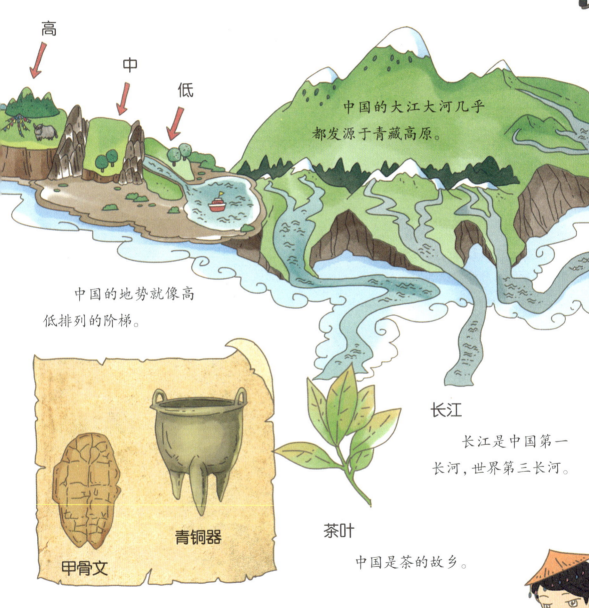

高

中

低

中国的大江大河几乎都发源于青藏高原。

中国的地势就像高低排列的阶梯。

甲骨文

青铜器

长江

长江是中国第一长河，世界第三长河。

茶叶

中国是茶的故乡。

中国有五十六个民族，每个民族都有自己独特的传统文化。

春节

吃团圆饭，看春节联欢晚会。

乒乓球

乒乓球是中国的"国球"。

中国传统节日

元宵节

赏花灯，吃汤圆。

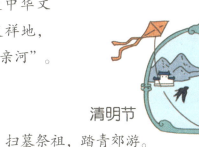

黄河

黄河是中国第二长河，是中华文明的主要发祥地，被称为"母亲河"。

清明节

扫墓祭祖，踏青郊游。

中秋节快乐

端午节

吃粽子，赛龙舟。

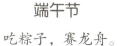

重阳节

登高赏秋，感恩敬老。

中秋节

赏月，吃月饼。

陕西印象

陕西简称"陕",是华夏文明的发祥地之一,历史上的汉唐雄风光耀古今。如今,古代宫殿遗址、古寺庙、古陵墓等随处可见。

秦腔

又称"乱弹",源于民间歌舞,是古老的剧种,也是西北最大的剧种。

安塞腰鼓

表演可以由几人或者上千人一同进行,被称为"东方第一鼓"。

窑洞

黄土高原上特有的居住形式。

凉皮

冰峰汽水

肉夹馍

羊肉泡馍

肉丸胡辣汤

壶口瀑布

西安城墙

　　中国现存历史最悠久、规模最大、保存最完整的古代城垣（yuán）建筑。古时候，城墙主要用于防御，城墙上可以操练兵卒，观察敌人。

兵马俑

　　秦始皇陵及兵马俑坑被誉为"世界第八大奇迹"。

仕女像

西安：十三朝古都

"春风得意马蹄疾，一日看尽长安花。"长安，现称西安，是十三朝古都，文化底蕴深厚。

西安城墙

现存城墙为明代建筑，人们可以在城墙上骑行游览。

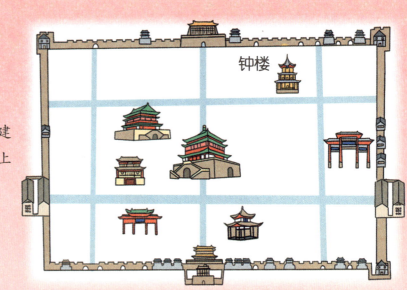

钟楼

城门

围绕着钟楼，西安城墙有四座主城门。

大唐芙蓉园

華山論劍 金庸題

飛雪連天射白鹿
笑書神俠倚碧鴛

华山

小雁塔

大雁塔

兵马俑坑

秦始皇陵的陪葬坑，坑内排列着大量与人等高的陶武士俑及作战兵器。

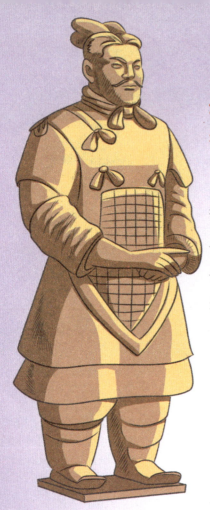

兵马俑：
秦始皇的地下兵团

　　俑是古代墓穴中的一种陪葬品。秦始皇陵兵马俑是世界的奇迹，兵马俑种类很多，个个制作精良。他们的身份、专属衣着配饰以及表情神态各不相同。

● 立射俑

能百步穿杨的轻装兵俑。

● 跪射俑

身穿战袍，外披铠甲。左腿屈膝，右膝着地。

●将军俑

战场上沉稳的
高级军吏俑。

铠甲俑●

身披铠甲的
步兵勇士。

●军吏俑

有勇有谋的
中级军吏俑。

御手俑●

进退有节的
战车驾驭者。

●骑兵俑

马背上的战斗
精英。

华山：五岳之一

　　中国"五岳"之一，古称"西岳"，华山之险居"五岳"之首，有"华山自古一条路"的说法。

　　郦道元曾在《水经注》中描述华山："远而望之若花状"，即远远地望向华山，就像是一朵花。因此华山也被称作"花山"。

玉泉院

摘星石

炼丹炉

下棋亭

聚仙台

北峰（云台峰）

青柯坪

鱼石

玉泉院

华山是如何形成的？

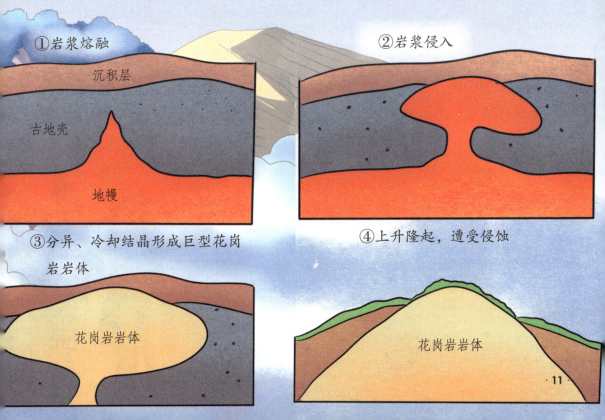

①岩浆熔融

沉积层

古地壳

地幔

②岩浆侵入

③分异、冷却结晶形成巨型花岗岩岩体

花岗岩岩体

④上升隆起，遭受侵蚀

花岗岩岩体

宝塔山

中国革命圣地延安的重要标志和象征。登山观景，能俯瞰革命圣地全貌。

王家坪革命旧址

抗日战争时期，这里是中央军委和八路军总部所在地。

枣园雕塑

延安革命旧址：红色圣地

延安曾是中国革命的指挥中心和总后方，是革命圣地。这里曾留下热血青年义无反顾的激情和开拓者们决胜千里的风采。

中共中央西北局旧址

延安革命纪念馆

这里珍藏着许多革命伟人用过的物品。

●毛泽东青铜像

黄土高原：我国四大高原之一

中国四大高原之一，孕育了黄土地独特的文化，产生了以窑洞为代表的民居和以安塞腰鼓为代表的民间艺术。

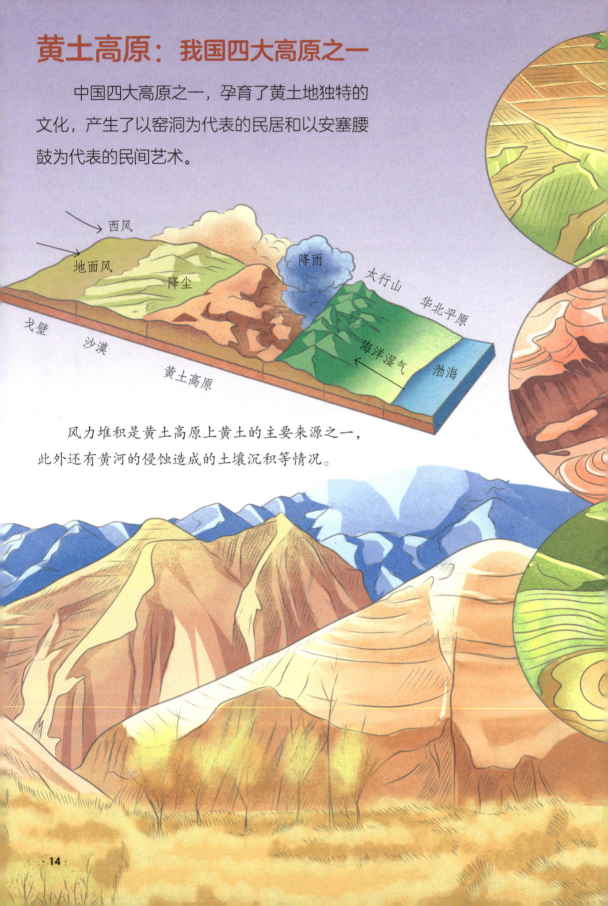

西风

地面风

降尘

降雨

太行山

华北平原

海洋湿气

渤海

戈壁

沙漠

黄土高原

风力堆积是黄土高原上黄土的主要来源之一，此外还有黄河的侵蚀造成的土壤沉积等情况。

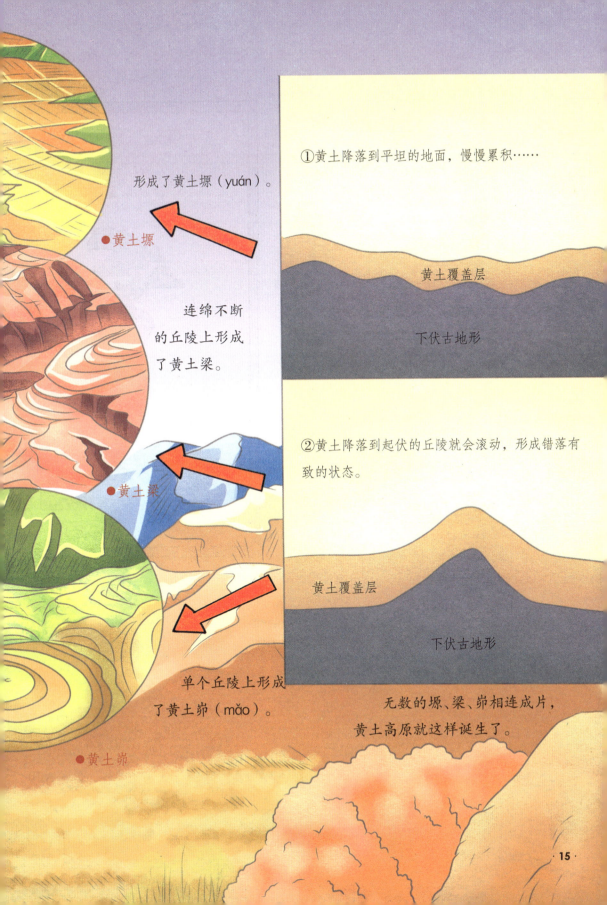

形成了黄土塬（yuán）。

●黄土塬

连绵不断的丘陵上形成了黄土梁。

●黄土梁

单个丘陵上形成了黄土峁（mǎo）。

●黄土峁

①黄土降落到平坦的地面，慢慢累积……

黄土覆盖层

下伏古地形

②黄土降落到起伏的丘陵就会滚动，形成错落有致的状态。

黄土覆盖层

下伏古地形

无数的塬、梁、峁相连成片，黄土高原就这样诞生了。

唐昭陵

唐太宗李世民与文德皇后的合葬陵墓，关中"唐十八陵"中规模最大的一座，被誉为"天下名陵"。

唐乾陵

唐高宗李治与武则天的合葬陵墓，关中"唐十八陵"中主墓保存最完整的一座，也是中国历史上唯一一座两位皇帝的合葬陵墓。

●九嵕（zōng）山

●陪葬墓

●仗马

●翼马

●司马道

●华表

●御道

●仗马人

咸阳帝王陵：见证昔日的繁华

咸阳是一座古老的历史文化名城，这里留下了汉唐两朝众多帝王的陵墓。陵冢累累，一字排列，形成了壮观的陵墓群。

●仗马

●地宫

●朱雀门

●石像生

●无字碑

为武则天所立，因碑上未刻一字而得名。

●六十一藩臣像

与真人身高相仿，装束却各不相同。整齐恭敬地排列于陵前，而他们的头却已不知去向。

甘肃印象

　　甘肃简称"甘"，茫茫的戈壁、广袤无垠的草原、洁白莹润的冰川，构成了甘肃雄浑壮丽的画卷。作为汉唐丝绸之路的必经之地，这里留存着众多历史人文遗迹。

张掖丹霞地貌

嘉峪关

　　明代万里长城的西端起点，雄伟的边陲军事城堡，被誉为"天下第一雄关"。

白塔山

飞天

敦煌莫高窟的名片。

酒泉卫星发射中心

拉卜楞寺

被誉为"世界藏学府"。

兰州牛肉面

莫高窟

俗称千佛洞，是世界上现存规模最大、内容最丰富的佛教艺术地。

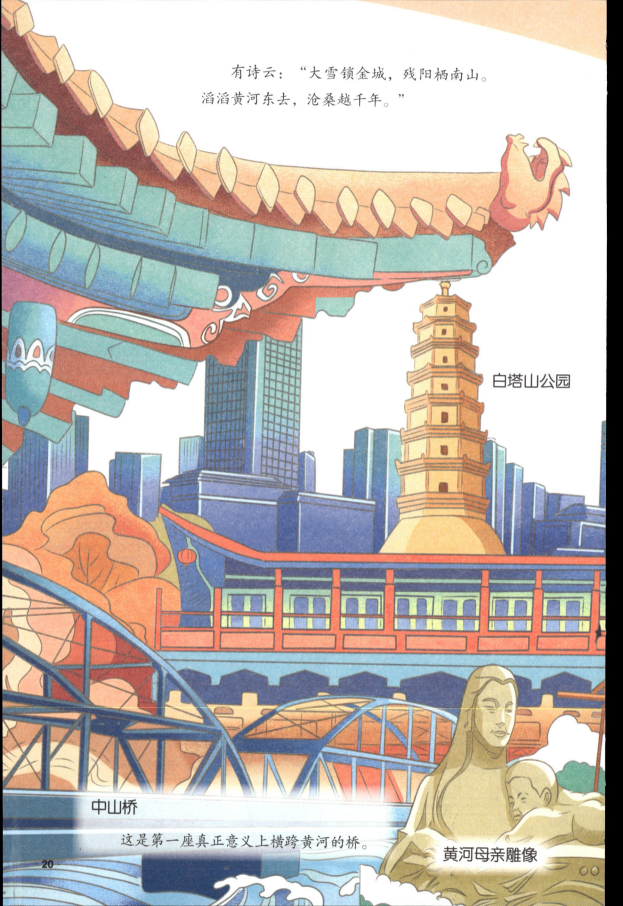

有诗云："大雪锁金城，残阳栖南山。滔滔黄河东去，沧桑越千年。"

白塔山公园

中山桥

这是第一座真正意义上横跨黄河的桥。

黄河母亲雕像

兰州：被黄河养育的城市

瓜果城兰州是丝绸之路上的重要城市，也是一座被黄河养育的城市，古称"金城"。黄河从市区蜿蜒而过，留下一道亮丽的风景线，让兰州生机勃发。

水车园

水车是古代兰州黄河沿岸最古老的灌溉工具。

三台阁

青砖绿瓦，石基飞檐，记载了兰州的沧桑巨变。

三臺閣

张掖七彩丹霞：
掉落人间的丝带

在祁连山北麓，有一大片丹霞地貌。大自然的鬼斧神工造就了这里的奇、险与色彩。一座座山呈现出鲜艳的色彩，显得绚丽多姿。张掖丹霞地貌以层理交错的线条、斑斓的色调构建了一个彩色的童话世界。

传说七仙女去给王母娘娘祝寿，途经张掖，看到这里水草丰茂、瓜果飘香，于是下凡游览。

仙女们玩得不亦乐乎，一日突然想起王母寿辰临近，匆忙中将一条七彩丝带落在祁连山脚下，化成一座彩色山脉。

冰沟丹霞

以"雄险神奇"著称，是中国发育最完整、造型最奇特的丹霞地貌之一。

● "古堡魅影"

"神驼迎宾" ●

●七彩屏

一望无际，色彩斑斓，气势磅礴，举世罕见。

七彩丹霞

月牙泉

有"沙漠第一泉"之称，神奇之处在于千年不涸、流沙掩埋不住清泉。

●九色鹿

九色鹿出现在敦煌石窟壁画上。

莫高窟

●莫高窟九层楼

雅丹地貌

敦煌：丝路文明的门户

　　丝绸之路上的节点城市，以"敦煌石窟""敦煌壁画"闻名天下。这是一个让人浮想联翩的城市，源远流长的丝路文明，金戈铁马的战火硝烟，深藏大漠的地质奇观，都等待着人们来探索，以发现更多故事与传奇。

● 反弹琵琶

阳关

　　古时候中原通往西域的门户。

河西走廊：通往西域的咽喉要地

古时候，祁连山脚下有一条通往西域的咽喉要道——河西走廊。河西走廊是经略西北的军事重镇，中原名士躲避北方战火的栖息场所。自古以来就是富足之地、兵家必争之地。

河西走廊

祁连山

高原

● 铜奔马

东汉时期的青铜器，出土于河西走廊，现为甘肃省博物馆镇馆之宝。

河西走廊上有四座古老的城市：武威、张掖、酒泉、敦煌。

● 敦煌古城　　　● 酒泉锁阳城　　　● 张掖万寿木塔

● 嘉峪关长城

嘉峪关是古时京都长安和西域联系的纽带，是河西走廊最西一处隘口，被称为河西咽喉。这里山谷狭窄，城关两侧的城墙横穿沙漠戈壁，地势非常险要。

宁夏印象

宁夏简称"宁"，寓意夏地安宁。这里既有边塞的雄浑，又有江南的秀丽，一半江南，一半荒漠，被誉为"塞上江南"。

青铜峡黄河坛

蕴含着深厚的黄河文化底蕴。

清蒸羊羔肉

沙坡头

枸杞

宁夏"五宝"之首。

须弥山石窟

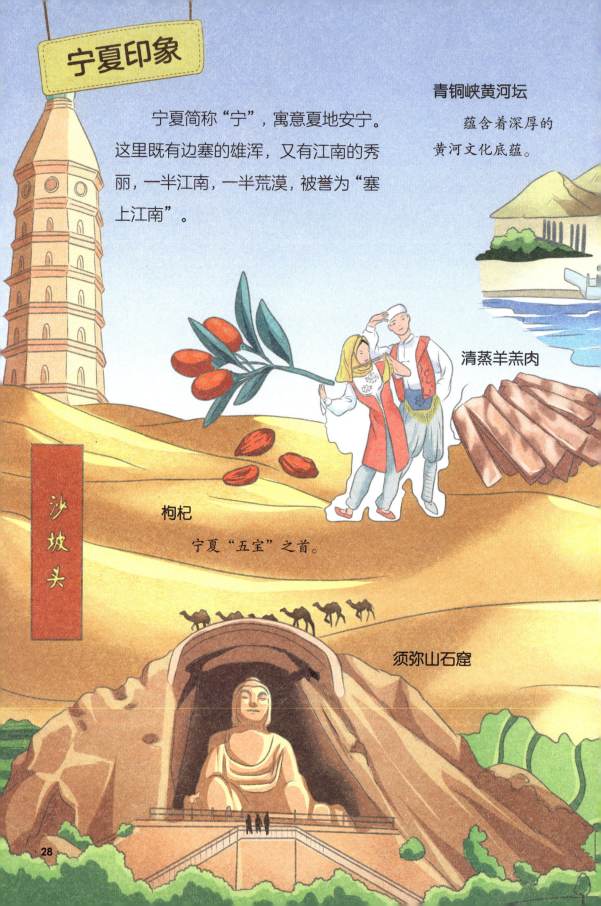

沙湖

融江南水乡之灵秀与塞北大漠之雄浑为一体。

馓子

羊肉搓面

炒糊饽

羊杂碎

岩羊

喜欢奔跑、跳跃，是攀岩高手。

镇北堡西部影城

中国西部著名影城，许多影片在此取景。

固原梯田

银川：塞上江南，鱼米之乡

银川自古就是"塞上江南，鱼米之乡"。传说从贺兰山飞来一只凤凰，看到山下秀丽的风光，不忍离去，于是幻化成一座美丽的城市——银川，所以银川又称为"凤凰城"。

水洞沟遗址

被称为"最具中华文明意义的百项考古发现之一"。

凤凰碑

又称"民族团结碑"。

西夏王陵

西夏历代帝王以及皇室的陵墓。

这里经历了千万年的风沙雕蚀，集中了许多土林奇绝景观，是远古先民的家园。

镇北堡西部影城

这里诞生了许多著名的影视作品。

贺兰山岩画

贺兰山：草原与荒漠的分界线

　　贺兰山在古代是北方少数民族驻牧游猎、生息繁衍的地方，也是西北地区重要的自然地理分界线。这里峰峦叠嶂，崖壁险峭，早在西夏王朝时期，就已被视为避暑胜地。

　　贺兰山削弱了西北高寒气流的东袭，阻止了潮湿的东南季风西进，同时遏制了腾格里沙漠的东移。

● 马鹿

● 贺兰山岩画

　　在贺兰山腹地有二十多处遗存岩画，这些岩画非常漂亮，有人物、动物、植物等符号，还有游牧、狩猎、械斗等场景。

● 贺兰山主峰——敖包圪垯
宁夏境内的最高峰。

● 盘羊

蓝马鸡 ●

沙坡头：最美的沙漠之一

中国三大鸣沙之一——"沙坡鸣钟"所在地。
沙坡头集大漠、黄河、高山、绿洲为一体，具西北
风光之雄奇，兼江南景色之秀美。

这里有中国最大的天然滑沙场、横跨黄河的"天下黄河第一索"、
黄河最古老的运输工具羊皮筏子，可以骑骆驼穿越腾格里沙漠，乘坐
越野车在沙海中冲浪，于咫尺之间领略大漠孤烟、长河落日的奇观。

●骑骆驼穿越沙漠

●黄河

●黄河索道

乘坐索道横跨黄河。

羊皮筏子●

重要的水运工具。

●滑沙场

中国最大的天然滑沙场，
从沙丘上滑下来非常刺激。

●沙梯

●乘坐越野车在沙海中冲浪

在连绵起伏的沙海中穿梭，
非常惊险刺激。

青海印象

青海简称"青"，是长江、黄河等大江、大河的发源地，也是探索、考察自然的胜地。自然景观的震撼之美、民族文化的神秘之美、人与自然的和谐之美共同组成了"大美青海"。

昆仑山

可可西里

对于人类来说，这里气候严酷，条件恶劣，是"生命的禁区"，但对于藏羚羊等野生动物来说，这里却是自由的天堂。

青海湖

中国最大的内陆湖泊，最大的咸水湖，古称"西海"。

青海湖

甜醅 (pēi)

老酸奶

酿皮

尕 (gǎ) 面片

冬虫夏草

传统的名贵滋补中药材，又叫虫草，生长在高山草甸上。

青藏铁路

世界上海拔最高的铁路。

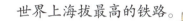

塔尔寺

中国西北藏传佛教的活动中心，以酥油花、壁画和堆绣（唐卡的一种）著称。

华夏之魂河源牛头碑

华夏之魂，黄河源头。

西宁：高原古城

　　西宁历史文化渊远流长，民俗风情绚丽多彩，是青藏高原上一颗璀璨的明珠。

　　这里是古丝绸之路和唐蕃古道的必经之地，素有"海藏咽喉"之称。以前，这座城市经常发生战争，所以取"西陲安宁"之意，祈求太平。

东关清真大寺

　　融塔、墙、殿为一体，享有盛誉。

青藏铁路西宁站

　　青藏高原最大铁路枢纽。

塔尔寺

　　寺内的酥油花、壁画和堆绣被称为塔尔寺三绝。

丹噶尔古城

古代西部重要的经济文化枢纽和军事重镇。

墩爾·葛丹

●八宝如意塔

位于塔尔寺的广场上，八座塔一字排列。

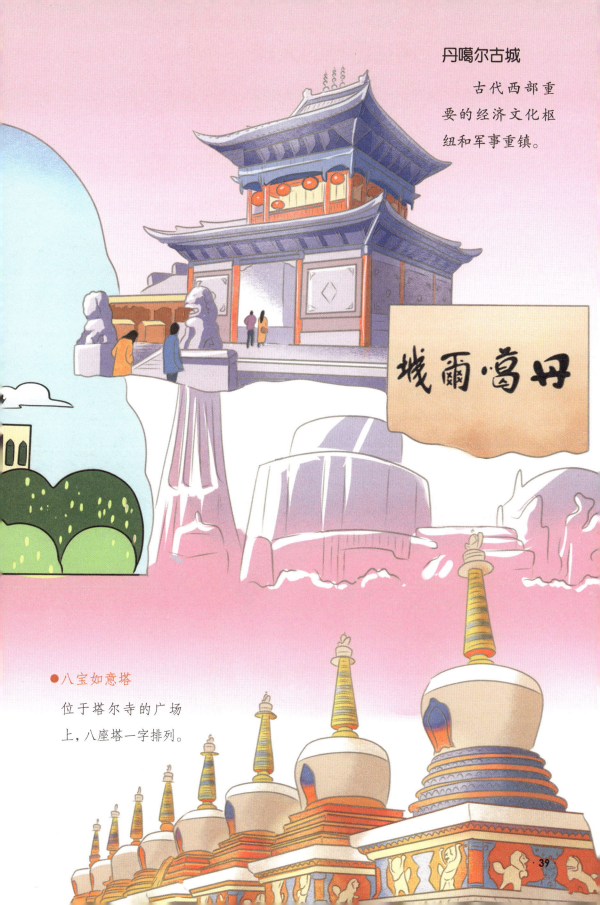

青藏铁路：通往雪域的天梯

通往西藏腹地的第一条铁路，也是世界上海拔最高、线路最长的高原铁路。

为了不破坏生态环境，不打扰自由奔跑的动物们，建设者们留出了供野生动物迁徙的专用通道。

○西宁

○拉萨

青藏铁路的起点是西宁站，终点是拉萨站。

●行驶在青藏铁路上的列车

青藏铁路大部分线路处于高海拔地区和"生命禁区"，因此修建青藏铁路面临着三大难题：千里冻土、高原反应和生态环保。在困难面前，建设者们付出了辛勤的汗水。

青海湖：青藏高原上的明珠

青海湖位于青海湖盆地内，是断层陷落而形成的咸水湖。青海湖的湖水浩瀚无边、蔚蓝空灵，湖畔是苍茫的草原，成群的牛羊飘动如云。

●祁连山

●倒淌河

"天下河水皆向东，唯有此溪向西流。"

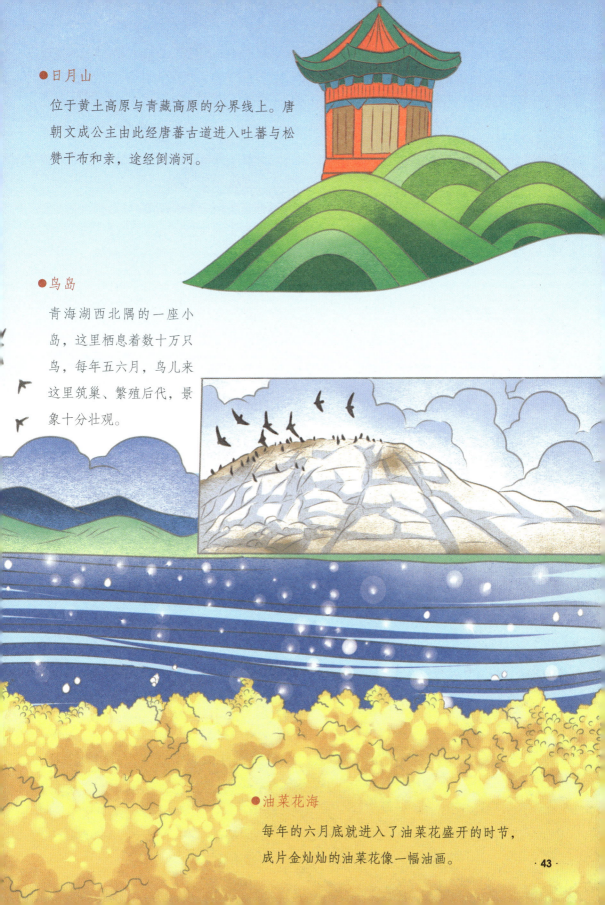

● 日月山

位于黄土高原与青藏高原的分界线上。唐朝文成公主由此经唐蕃古道进入吐蕃与松赞干布和亲，途经倒淌河。

● 鸟岛

青海湖西北隅的一座小岛，这里栖息着数十万只鸟，每年五六月，鸟儿来这里筑巢、繁殖后代，景象十分壮观。

● 油菜花海

每年的六月底就进入了油菜花盛开的时节，成片金灿灿的油菜花像一幅油画。

●美人鱼

●盘古开天

茶卡盐雕

　　茶卡盐湖有世界最大的户外盐雕艺术群，其盐雕构造独特，体形巨大，是自然美与艺术美的完美结合。

●盐湖小火车

茶卡盐湖：天空之镜

天然结晶盐湖，湖面空旷、纯净，倒映着蓝天、白云，被称为中国的"天空之镜"。

●天空之镜

湖面具有强烈的反射能力，如同一面为天空梳洗打扮而准备的镜子。

这里的盐极易开采，用勺子捞取湖水再晒干，就是天然的结晶盐啦。

可可西里：野生动物的天堂

目前世界上原始生态保存最完整的地区之一。这里生活着许多珍稀野生动物，热爱自由的动物们可以无拘无束地奔跑。但是对于人类来说，这里气候严酷，条件恶劣，是"生命的禁区"，因此它也是中国最大的无人区之一。

●藏原羚

藏原羚很好辨认，它们都有一个白屁股。

●藏野驴

对寒冷、日晒和风雪均具有极强的耐受力。

建设者们在修建铁路和公路的时候给动物们留出了迁徙通道。

●隧道上方迁徙通道
适合高山山地迁徙的动物。

●桥梁下方迁徙通道
适合善于奔跑的动物。

●野牦牛
青藏高原特有牛种，耐寒，凶猛善战。

●雪豹
行踪神秘，喜欢单独行动，伏击羚羊群，偶尔还会袭击牦牛。

●藏羚羊
被人们称为"高原精灵"。

●卓乃湖
这里水草相对丰美，每年至少有三万只藏羚羊迁徙而来。

高原兔●
体形较大，为青藏高原特有物种之一。

● 尕尔寺

● 勒巴沟文成公主庙

　　传说，文成公主和金城公主进藏时途经此地，人们为了纪念两位公主，还在这里堆放玛尼石，在悬崖上刻岩画。

● 嘉那玛尼石经城

　　这里被誉为"世界上最大的祈福许愿之地"。人们每祈福、许愿一次就往石堆上添几片玛尼石，经过几代人的堆砌便形成了现在这样庞大的石堆。

● 日月山

　　"西海屏风"，内地赴藏咽喉。

唐蕃古道

唐蕃古道：汉藏友好之路

　　唐蕃（bō）古道是中国古代的交通大道，是唐代以来中原去往青海、西藏乃至尼泊尔、印度等国的必经之路。

　　唐蕃古道也是汉藏友好的见证，它像一条长虹，将汉藏人民紧紧连在一起，被誉为民族团结的"千年平安路"。

●澜沧江
流经六个国家的
亚洲大河。

●长江
世界第三大河。

●黄河

●龙羊峡

三江源

　　长江、黄河、澜沧江的源头汇水区。
这里河流密布，湖泊、沼泽众多。

新疆印象

新疆简称"新"，幅员辽阔，山川壮丽，是中国面积最大的省级行政区，大小约等于一百个北京。

伊犁杏花沟

连绵起伏的山丘被绿草和杏花装扮后，美得无以言表。

喀纳斯

宝蓝色的喀纳斯湖水流淌在白桦林中。

哈密瓜

独特气候

"早穿皮袄午穿纱，围着火炉吃西瓜"，这句话说明新疆的早晚温差非常大。

鼠兔

维吾尔族

塔克拉玛干沙漠

中国最大的沙漠，世界第二大流动性沙漠。

天山

天山将新疆一分为二，北部叫北疆，南部叫南疆。

馕包肉

羊肉串

新疆馕

手抓饭

大盘鸡

乌鲁木齐：古今丝路要地

新疆有大片的沙漠和戈壁滩，绿洲在这里显得格外珍贵。"乌鲁木齐"意为美丽的牧场，先民们曾在这里过着游牧生活。现在的乌鲁木齐是一座现代化的大都市，同时也保留了独特的少数民族风情。

中天广场

乌鲁木齐的标志性建筑之一。

新疆国际大巴扎

世界规模最大的大巴扎。"巴扎"在维吾尔语里是集市的意思。大巴扎里的东西五花八门，应有尽有。

红山塔

英吉沙小刀

因产于喀什英吉沙县而得名，是维吾尔族的传统手工艺品，"中国少数民族三大名刀"之一。

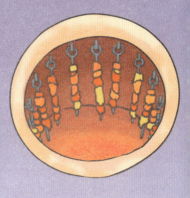

馕坑烤肉

将羊肉抹上调料贴在馕坑内壁，这样烤出来的肉外酥里嫩，美味可口。

三彩马

冬不拉

哈萨克族的传统弹拨乐器。

新疆维吾尔自治区博物馆

清真寺

●北天山主峰之一——博格达峰

天山天池

　　古称"瑶池"，是天山山脉中的一个冰碛湖。这里湖水清澈，晶莹如玉，宛如一条系在山腰上的翡翠腰带。

天山：南北疆的分界线

天山山脉是亚洲中部大山脉，中国西部重要的地理界限，以一己之力将新疆分为了"北疆"和"南疆"。

山上的冰川消融之后，流下来的水注入山谷，形成了天池。

喀纳斯：美丽而神秘的地方

"喀纳斯"在蒙古语中意为"美丽而神秘的地方"，其坐落在阿尔泰深山密林中，是中国最深的冰碛堰塞湖。

●阿尔泰山

●卧龙湾

传说很久以前有一条巨龙在此戏水，天气突变，顷刻间冰封雪冻，将巨龙冻僵在这里，因此得名卧龙湾。卧龙湾水色碧蓝，湖四周森林茂密，湖中小岛秀美，与喀纳斯湖风光融为一体。

●月亮湾

喀纳斯湖在这里画了一道优美的弧线，令无数游人为之陶醉。

白哈巴村●

"西北第一村"。

白
哈
巴
西北第一村

●游船

罗布泊：探险家的向往之地

　　罗布泊曾是中国第二大咸水湖，其西北侧的楼兰国为著名的丝绸之路咽喉。后来，因为河流流量减小，沙漠化严重，湖泊迅速退化，楼兰国也因此成为废墟。如今的罗布泊成了寸草不生的地方，是著名的"无人区"。

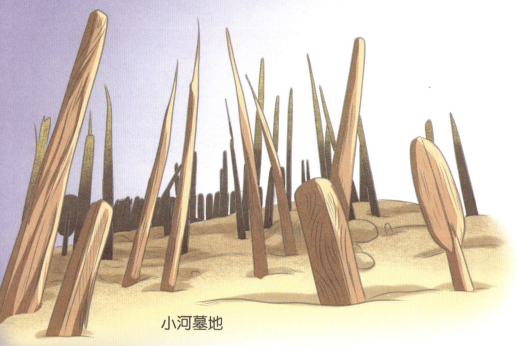

小河墓地

　　平缓的沙漠中突兀而起的一座椭圆形沙山，上面插满了各种形状的胡杨木桩。其出土的众多文物举世罕见。

楼兰故城

　　古丝绸之路上颇具规模的楼兰国城址，位于罗布泊西北侧。这里曾经是丝绸之路的必经之地，繁华一时，之后由于气候变迁及人类影响，现今只存遗迹。

汉代烽火台

一座保存较好的古烽火台遗址。

地球之耳

从卫星图上看，罗布泊的形状宛如人耳，因此被誉为"地球之耳"。

● 野骆驼

全国重点文物保护单位

樓蘭故城遺址

ANCIENT CITY RUIN OF LOLAN

国务院 一九八八年 二月 公布
新疆维吾尔自治区文物事业管理局立
1997年10月

吐鲁番：甜蜜的瓜果之乡

吐鲁番是丝绸之路上的一颗明珠，素有"火洲"之称，也是闻名遐迩的"葡萄城"。

坎儿井

中国古代三大工程之一，能将地下水引出地面，让沙漠变成绿洲。

葡萄沟

吐鲁番盆地种植葡萄有两千多年的历史了。这里的葡萄有数十个种类，可以制成葡萄干、葡萄酒、葡萄罐头等。

● 哈密瓜

● 葡萄

这里的葡萄都特别甜，是其他地区的葡萄所不可比拟的。

火焰山

　　火焰山是一座红色的山，每到夏天，太阳火辣辣地炙烤着山体，山上便会腾起一股热气，远远望去就像大山着了火。

晒房

克拉玛依：石油之城

　　"克拉玛依"在维吾尔语中意为"黑油"。克拉玛依油田被发现后，人们在这里设立了克拉玛依市。这是一座以"油"闻名的城市，也是新中国成立后勘探开发的第一个大油田。

●油田上的抽油机

●雅丹地貌

克拉玛依魔鬼城

又称乌尔禾风城，是中国最美的雅丹地貌之一。每当狂风骤起时，静谧的城堡便发出凄厉的吼声，令人毛骨悚然。

克拉玛依油田

传说中，一位老人去戈壁滩拾柴火，意外发现了一座冒着黑色液体的山丘。一支考察队在老人的指引下来到了这座黑油山，发现这里埋着丰富的石油。

后来经过勘探，发现这是一个大型油田，并将其命名为克拉玛依油田。

●石油是如何形成的？

①很久以前，地球上大量远古生物死亡。

②生物尸骨被岩层掩埋。

③经过温度、压力等作用及漫长的地质年代，生物尸骨形成了石油。

伊犁：塞外江南

得名于伊犁河，取义于"犁庭扫闾"，寓意平定准噶尔功盖千秋，西陲从此永保安宁。伊犁河谷资源丰富，空气温润，是新疆重要的农业区。

杏花沟

中世纪遗留的最大的原始野杏林。

● 杏花

● 杏

八卦城

即特克斯县，城市因八卦布局而闻名。

霍城薰衣草产区

中国最大的薰衣草种植基地，中国的薰衣草之乡。天山脚下、伊犁河畔由此变成了薰衣草的海洋。

● 薰衣草

叶形花色典雅，蓝紫色花序颖长秀丽，香气醇厚、浓郁，可以制成香料，被称为"香草之后"。

· 65 ·

喀什: 四季分明光照长

地处新疆西南部，是古丝绸之路的交通要冲，这里的老城区和阿富汗的城市风格接近，古城中散发着神秘而独特的异域风情。

●过往的商旅

Ancient City of Kashgar

●喀什古城城门

●艾提尕尔清真寺

新疆规模最大的清真寺。

●帕米尔高原

高原地势险要，天气恶劣，沿途的商
旅都需要住宿，于是有了许多驿站。

●香妃墓

●维吾尔族姑娘

塔克拉玛干沙漠："死亡之海"

中国最大的沙漠。在维吾尔语里，"塔克拉玛干"意为"进去出不来"，所以这里也被称为"死亡之海"。塔里木盆地像一个装着沙海的巨大石碗，四周的高山阻挡了水汽，孕育出塔克拉玛干大沙漠。

胡杨的树叶大小不同，形状各异，是为了适应不同的环境。细小的树叶可以减少水分蒸发，等根系吸足了水，叶子又会变大，快速生长。

●胡杨

生长在大漠中，与沙漠共存。它即使枯死也能屹立千年不倒，胡杨的枝干纹理就像干裂的大地，沧桑而坚韧。

●塔里木河

沿着沙漠流淌的河，两侧生长着胡杨林和柽（chēng）柳灌木。

骆驼●

青蓝图书
QINGLAN TUSHU

千万别等孩子大了才去旅行！孩子大了，你就老了

带孩子
游中国

四川·重庆·云南·贵州·西藏

青蓝图书 / 编著

·西南地区·

北京日报出版社

图书在版编目（CIP）数据

带孩子游中国 . 西南地区 / 青蓝图书编著 . -- 北京：
北京日报出版社 , 2023.3（2024.3 重印）

ISBN 978-7-5477-4581-6

Ⅰ . ①带… Ⅱ . ①青… Ⅲ . ①西南地区—概况—少儿
读物 Ⅳ . ① K92-49

中国国家版本馆 CIP 数据核字（2023）第 029439 号

带孩子游中国　西南地区

出版发行：北京日报出版社
地　　址：北京市东城区东单三条 8-16 号东方广场东配楼四层
邮　　编：100005
电　　话：发行部：（010）65255876
　　　　　　总编室：（010）65252135
印　　刷：亿联印刷（天津）有限公司
经　　销：各地新华书店
版　　次：2023 年 3 月第 1 版
　　　　　　2024 年 3 月第 2 次印刷
开　　本：710 毫米 ×1000 毫米　　　1/16
总 印 张：27
总 字 数：350 千字
总 定 价：120.00 元（全 6 册）

目　录

中国地理图鉴

中国地域辽阔，国土面积排名世界第三；中国历史悠久，有几千岁了；中国人口众多，有五十六个民族，民俗文化丰富多彩。

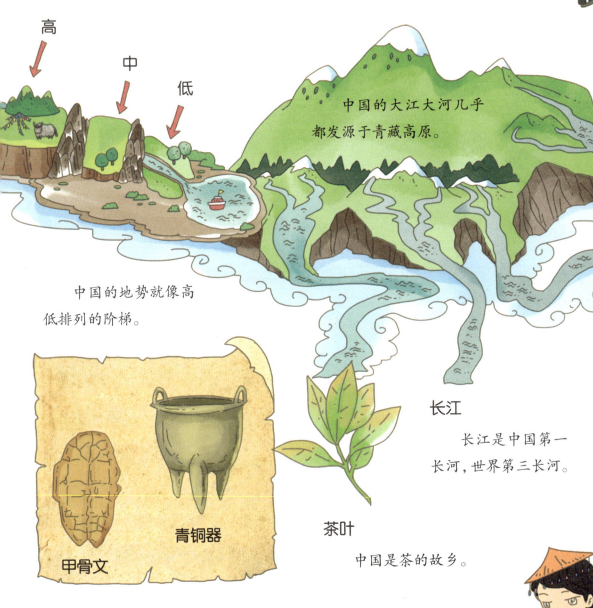

高　中　低

中国的大江大河几乎都发源于青藏高原。

中国的地势就像高低排列的阶梯。

甲骨文

青铜器

长江

长江是中国第一长河，世界第三长河。

茶叶

中国是茶的故乡。

中国有五十六个民族，每个民族都有自己独特的传统文化。

春节
吃团圆饭,看春节联欢晚会。

中国传统节日

乒乓球

乒乓球是中国的"国球"。

黄河
黄河是中国第二长河,是中华文明的主要发祥地,被称为"母亲河"。

元宵节
赏花灯,吃汤圆。

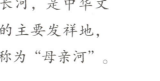

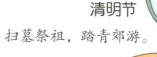

清明节
扫墓祭祖,踏青郊游。

中秋节快乐

重阳节
登高赏秋,感恩敬老。

中秋节
赏月,吃月饼。

端午节
吃粽子,赛龙舟。

四川印象

四川简称"川"，不仅拥有憨态可掬的国宝大熊猫，还拥有绚丽多姿的自然景观和人文景观，素有"天府之国"的美誉。

峨眉山

三星堆

都江堰

古人留给我们的财富，因为它，成都这片土地变得生机勃勃。

川剧

变脸是川剧中独一无二的神秘绝技。

四川火锅

大熊猫

大熊猫是我国的国宝，四川有众多大熊猫栖息地。

麻将

乐山大佛

蛋烘糕

担担面

串串香

青城山

冒菜

青羊宫

九眼桥

成都：天府蓉城

成都就像一个文人，温文尔雅、风流倜傥。这里留存着三国遗迹，传承着古老的文明，还有着闲散包容的城市风情。

火锅粉

钟水饺

武侯祠

三国遗迹的源头，君臣合祀祠庙。

杜甫草堂

太古里

宽窄巷子

体会成都的市井生活和原汁原味的成都文化。

盖碗茶

糖画

锦里

锦里以明末清初川西民居作外衣，三国文化与成都民俗作内涵，是著名的商业步行街。具有四川特色的各种名小吃在这里都能找到。

九寨沟：人间仙境

因有九个藏族村寨而得名。"九寨归来不看水""童话世界""人间仙境"等都是对九寨沟景色真实的诠释。

●诺日朗瀑布

●树正群海

●珍珠滩瀑布

黄龙：世间瑶池

与九寨沟相距不远，以罕见的岩溶地貌蜚声中外。

● 金沙铺地

水底的金黄色钙华像片片"鳞甲"，在阳光的照耀下闪闪发光。

● 五彩池

五彩池的颜色变化多端，诡谲奇幻，艳丽奇绝。

都江堰：伟大的水利工程

李冰

全世界迄今为止年代最久的宏大水利工程，是古人留给我们的财富。两千多年以来，人们利用它防洪、灌溉，使成都平原变得生机勃勃。

战国时期，秦国的李冰修建了都江堰水利工程，为四川成为"天府之国"奠定坚实基础。

鱼嘴

安澜索桥

外江闸

外江

内江

"白娘子"白素贞

青城山：青城天下幽

中国道教的发源地之一，因秀丽的自然风光和众多道教建筑而成为天下名山。传说这里是"白娘子"白素贞的故乡。

●峨眉灵猴

●枯叶蝶

乐山大佛

世界上最大的石刻弥勒佛坐像。在乐山大佛面前，人们就像一只小小的蚂蚁。

乐山：海棠香国

这里有庄严肃穆的乐山大佛，有秀美的峨眉山，还有纯净的木鱼声……

●峨眉树蛙

峨眉山

中国四大佛教名山之一，素有"峨眉天下秀"之称。

●金顶上的佛像

●金顶

日出、云海、佛光、圣灯的最佳观赏点。

●千佛岩

稻城：川西的香格里拉

被誉为川西的香格里拉。这里众峰绕拱，地形复杂，不仅有丰富的自然景观，更具有深邃博大的文化内涵。好似梦中的香格里拉，留存着大地最古老的记忆和大自然最纯净的心灵。

●三怙（hù）主雪山

●牛奶海

●五色海

●亚丁村

亚丁在藏语里意为"向阳之地"。

四姑娘山：东方圣山

　　由四座连绵不断的山峰组成，山势陡峭，终年积雪，犹如四位头披白纱、姿容俊俏的少女。这里有古老动人的神话传说、热烈隆重的祭礼庆典和悠扬悦耳的山间民歌。

●海子沟

●双桥沟

高原特有的洁净蓝天、皑皑白雪与奇峰异树、草甸溪流交融成一幅奇异景观。

●长坪沟

剑门关：兵家必争之地

天下第一天然隘(ài)口。剑门山两旁断崖似剑，绝崖两壁相对，其状似门，故称"剑门"，有"剑门天下险"之誉。因唐代大诗人李白的《蜀道难》而名扬海内外。

推荐阅读：李白
《蜀道难》

●关楼

"一夫当关，万夫莫开"，曾多次毁于战火，如今的关楼是仿照明代关楼所建的。

阆中古城：古蜀重镇

已有两千三百多年的建城历史，是古代巴国的军事重镇，也是中国四大古城中保存最完整的一座，有"阆苑仙境"之美誉。

● **状元坊**

为纪念古阆（làng）中的科举状元而建。阆中古城是四川出状元最多的地方，被称为状元之乡。

● **中天楼**

古城的街道都以中天楼作为轴心。

● **张飞**

三国时期蜀汉大将张飞驻守阆中七年，他曾率领一万人打退了三万人的进攻。张飞最后被部下所杀，葬身阆中，后人为他修建了"桓侯祠"。

重庆印象

　　重庆简称"渝"，主城区四面环山，享有"山城""雾都"的美名。在重庆的街头流连，解放碑热闹而繁华、洪崖洞古老而精致，处处充满了活力。

磁器口古镇

　　巴渝第一古镇。

重庆火锅

　　重庆人喜欢涮毛肚、黄喉和鸭肠等。

重庆小面

酸辣粉

钓鱼城

大足石刻

李子坝轻轨站

列车居然从居民楼里穿过！

长江索道

山城空中交通工具。

冰粉

凉虾

洪崖洞

解放碑

武隆喀斯特：
地质奇观

武隆拥有罕见的喀斯特自然景观，包括天坑、地缝、高山草原等。

天生三桥

亚洲最大的天生桥群。

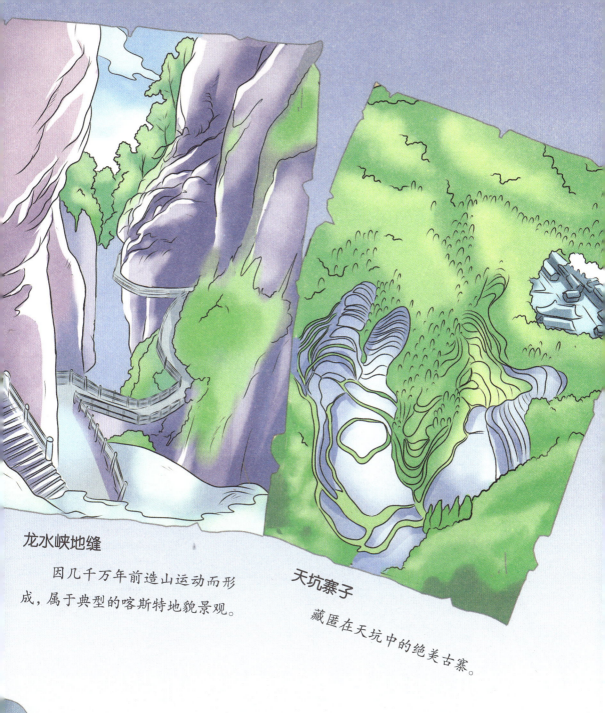

龙水峡地缝

因几千万年前造山运动而形成,属于典型的喀斯特地貌景观。

天坑寨子

藏匿在天坑中的绝美古寨。

仙女山

因独具魅力的高山草原、罕见的林海雪原、青幽秀美的丛林碧野景观而被誉为"南国第一牧原"。

大足石刻：石窟史上的丰碑

大足石刻是世界八大石窟之一，集中国佛教、道教、儒教"三教"造像艺术的精华，是"东方艺术明珠"。

● 释迦涅槃圣迹图

俗称卧佛，是世界上最大的半身卧佛造像。

宝顶山摩崖造像

宝顶山摩崖造像规模宏大，造像精美。

大足石刻以规模宏大、雕刻精美、题材多样、内涵丰富和保存完整而著称于世。

金佛山：包罗万象的生态奇景

夏秋季节，落日把山崖映照得灿烂辉煌，犹如一尊金身大佛，非常壮美，"金佛山"由此得名。

● 金佛寺

世界野生古杜鹃公园

以千年野生古杜鹃群落为主的绝美生态景观。

● 九莲宝顶

● 药池坝

平坦开阔的高山草坝。

● 金龟朝阳

西坡绝壁与山上的缓坡构成的奇妙景观。

四面山：世外桃源

四面山自然景观独特，被誉为"镶嵌在地球同一纬度上的绿色明珠"。

●望乡台瀑布

其所在的丹霞岩壁像一个大大的"心"形，瀑布就从"心"的中心流下。

●龙潭湖

●洪海

白帝城：沉吟千年的诗城

白帝城是三峡的西口，四面环水。这里享有"诗城"之誉，风景如画，古迹甚多。

悬崖绝壁

巴渝保障

● 护国门

护国门是钓鱼城八座城门中最宏伟的一道险关，这里经历过几百次战斗，护国门一直没被攻破，是"一夫当关，万夫莫开"之地。

●李白

●嘉陵江

●悬空卧佛

夔州

白帝城

一千年古

钓鱼城：
改变历史的古战场

这里可不是一座供人钓鱼的城市，古时候，这是一处战场，发生过具有重要历史意义的钓鱼城之战。

云南印象

云南简称"云"或"滇"，地处中国西南边陲，那里的每一座山、每一片湖和每一条河流，都能勾起人们的无限遐思。

过桥米线

菌子

崇圣寺三塔

云南地形复杂，森林类型多样，气候条件得天独厚，孕育了丰富的野生食用菌资源。

云南是众多少数民族的聚集地，各民族在漫长的文化积淀中，创造了独具特色的文化艺术。

孔雀

泼水节

鲜花饼

鸡豆凉粉

苍山

洱海

汽锅鸡

烤乳扇

玉龙雪山

翠湖

　　因八面水翠、四季竹翠、春夏柳翠而得名，也被誉为"城中碧玉"。

国立西南联合大学

西南联大旧址

滇池

　　中国西南地区最大的淡水湖，有"高原明珠"之称。

昆明：宜居宜人的春城

昆明三面环山，一面临水，"天气常如二三月，花开不断四时春"，因此被人称为"春城"，是一座四季如春、风光旖旎、空气清新的城市。

金马碧鸡坊

渡宫

官渡古镇

石林：峰林奇观

云南石林以石多似林而闻名，是一座名副其实的由岩石组成的"森林"。这里世代居住着彝（yí）族撒尼人，他们创造了以"阿诗玛"为代表的民间文化艺术。

●大叠水瀑布

●阿诗玛石像

小石林

小石林以玲珑剔透、清新俊雅著称。最有名的景点是"阿诗玛"。

大石林

大石林石峰密集，线条俊朗，最高岩柱超过了四十米。

●千钧一发

●石林胜境

●剑锋池

林石

元谋土林：神秘的魔幻世界

　　元谋土林是一种土状堆积物塑造的、成群的柱状地形，因远望如林而得名。经历了几百万年的地壳运动后，元谋的土地被雕琢成了千奇百怪的形状。

物茂土林

浪巴铺土林

班果土林

　　班果土林的土柱表面夹杂有闪烁的石英砂和玛瑙片砂，如同镶嵌了宝石，在阳光的照耀下，五光十色。

大理：南诏古国的都城

历史上，大理是中国与南亚诸国文化交流、通商贸易的重要门户。大理西依苍山，东临洱海，是一座历史悠久的高原古城。

● 白族土八碗

● 洱海

洱海的轮廓像人的耳朵，所以取名"洱海"。

说是海，其实是一片广阔的湖泊。

●大理乳扇

崇圣寺三塔●

●苍山

　与洱海遥遥相望，是大
理最亮丽的风景线。

●大理古城

●双廊镇

丽江：千年古城淌文明

丽江是茶马古道上有名的城镇之一，城内古街石巷、小桥流水十分雅致，城外玉龙雪山、虎跳峡等惊险壮美。

●丽江粑粑

●纳西烤鱼

●划船

●骑马

玉龙雪山

在纳西族的传说中，玉龙雪山是"三朵神"的化身，所以，在纳西族人心目中，玉龙雪山是一座神山。玉龙雪山的十三座雪峰连绵不绝，宛若一条"巨龙"腾越飞舞，故称为"玉龙"。

●大索道

●大水车

●四方街
古城的中心广场。

丽江古城

小桥流水，青石板路，一座安静淳朴的古城。

·37·

香格里拉：人间的世外桃源

　　香格里拉地处青藏高原东南边缘，素有"高山大花园"的美称，那里不仅有连绵的雪峰，还有辽阔的高山草原牧场、莽莽的原始森林以及星罗棋布的高山湖泊。

● 牦（máo）牛

● 酥油茶

酥油是从牦牛奶中提炼的。酥油茶奶味纯正，可以御寒，还能缓解高原反应。

噶丹·松赞林寺

　　藏传佛教寺庙，外形像古堡，被誉为"小布达拉宫"。

●神圣的白塔

●梅里雪山

●虎跳石
传说中，老虎是踩着这块石头跳过江的。

虎跳峡

热海大滚锅 ●

西双版纳：别样的傣族风情

以多彩的热带雨林景观和少数民族风情闻名于世。

● 勐泐（měng lè）大佛寺

充分展示了南传佛教的历史与传统文化色彩。

● 景洪大金塔

腾冲热海：
地热疗养胜地

腾冲有几十处温泉群，其中腾冲热海的热力最猛、地貌景观最为奇特。

● 泼水节

在傣族的新年佳节举行，一般为期三至四天。

● 吉祥大佛

● 野象谷

泸沽湖：群山环拥的高原明珠

位于云南省与四川省交界处，犹如一颗明珠镶嵌在群山怀抱之中，碧波荡漾，风光迷人，有"滇西北的一片净土"等美称。

●格姆女神山

泸沽湖四周最高的山峰。

●里务比寺

●摩梭人

纳西族的一个分支，世代住在泸沽湖畔，保留着母权制家庭形式，被称为"神秘的女儿国"。

●里格半岛

这里有最淳朴的摩梭人家和最原始的自然风光。

42

元阳哈尼梯田：农耕文明的奇迹

世界上伟大的大地雕塑，农耕文明史上的奇迹。哈尼人世世代代耕种的梯田有三千多级，就像一座伸向天边的"天梯"。

哈尼梯田五彩斑斓，不同的季节、天气都会呈现不同的色彩。春季，梯田像翠绿的地毯；夏秋，稻谷成熟的时候又是一片金黄；冬天，梯田里长满了红色的浮萍……

梯田注满水后呈现湛蓝景象。

贵州印象

　　贵州简称"黔"，有"天然公园"之美称，多山、多水、多溶洞、多民族是贵州的特色。这里还有古朴浓郁的民族风情、赓续传承的红色文化以及众多名胜古迹。

花溪牛肉粉

苗族女孩

黄果树瀑布

梵净山

肠旺面

黄粑

丝娃娃

豆腐圆子

糕粑稀饭

甲秀楼

毛尖茶

茅台

侗寨鼓楼

贵阳：山中有城，城中有山

贵阳多山，是个避暑胜地。这里有多姿多彩的民族风情，以及夏无酷暑、冬无严寒的宜人气候。

黔灵山

中天 201 大厦

黔灵山公园

园内古树参天，泉清石奇，还能看到活泼的灵猴。

甲秀楼

历经四百余年风吹雨打，是贵阳历史的见证者。

甲秀楼

筑城广场

红枫湖

金秋时节，红枫湖湖水轻柔，湖域周围遍布的枫叶红艳似火，颇具诗情画意。

青岩古镇

古镇曾经是军事要塞，周围有城墙，城墙上保留着垛口、炮台等，城楼和石板古道、古牌坊交相辉映。

贵州民族文化宫

青岩

47

黄果树瀑布：中国最大的瀑布

　　中国最大的瀑布，也是世界上唯一有水帘洞自然贯通且能从洞内外听、观、摸的瀑布。这里分布着许多黄桷树，久而久之，人们就称它为黄果树了。

　　徐霞客这样形容黄果树瀑布："高峻数倍者有之，而从无此阔而大者。"

　　黄果树瀑布属于喀斯特地貌中典型的侵蚀裂瀑布，以水势浩大著称。

梵净山：贵州第一山

"贵州第一山"。这里保持着亿万年前的自然生态，是一座充满神秘、禅韵和奇幻的名山，也是世界上黔金丝猴的唯一分布区。

●承恩寺

●红云金顶

坐上索道，越往上走越能感受到云雾漫山的美妙，仿佛置身仙境。

遵义会议会址：革命圣地

由毛主席题字的革命纪念地。这里曾召开过实现中国革命伟大转折的"遵义会议"。如今，会议室还基本保持着当年的样子。

● 遵义会议

为了总结第五次反"围剿"军事指挥上的经验教训而召开的会议，是革命史上一个生死攸关的转折点。

● 红军烈士纪念碑

遵义会议陈列馆 ●

●毛泽东题写"遵义会议会址"黑漆金匾

万峰林：喀斯特博物馆

万峰林属于典型的喀斯特峰林，堪称中国锥状喀斯特博物馆，被誉为"天下奇观"。

●八卦田

徐霞客在见过万峰林后曾发出这样的赞叹："天下山峰何其多，唯有此处峰成林。"后在游记中写道："丛立之峰，磅礴数千里，为西南奇胜。"

●天坑

●将军峰

马岭河峡谷：地球上美丽的伤疤

马岭河峡谷是造山运动中形成的大裂谷，谷内群瀑飞流，翠竹倒挂，溶洞相连，被称为"地球上美丽的伤疤"。

钙化瀑布群●

几十条瀑布坠入深谷之中，构成稀世景观。

●马岭河峡谷大桥

横跨在马岭河峡谷上，站在桥上能看到瀑布哗哗坠入谷中，也能远眺千沟万壑的峡谷全貌。

峡谷中的马岭河常年激流奔腾，就像一匹不知疲倦的马儿。

● 苗族银饰

全部由手工制作，工艺水平极高。

● 高山流水

苗家特有的敬酒方式，意为情深意长。

镇远古城：入黔要道的历史名城

古镇历史悠久，地处入黔要道，是山地贴崖建筑文化博物馆，"山雄水美"之地。

千户苗寨：
苗族文化的活化石

中国仅有、世界无双的千户苗寨，是研究苗族历史文化的"活化石"。苗寨人热情好客，民风淳朴，喜欢用酒招待客人。

● **苗寨特色吊脚楼**

从山脚延伸到山脊，苗寨应和着自然的节奏，营造了与自然融合的家园。

● 青龙洞古建筑群

● 舞阳河

● 龙舟

荔波樟江：生态旅游之地

在贵州荔波境内，樟江水系与原始森林共同组成了千姿百态、独具特色的喀斯特地貌景观，既有奇、幽、俊、秀、古、野、险、雄的自然风光，又有浓郁的民族风情。

小七孔

因七孔拱桥而得名，集洞、林、湖、瀑、石、水多种景观于一体。

● 小七孔古桥

大七孔

以峡谷为奇，
充满探险乐趣。

天生桥●

●大七孔悬空
栈道

●卧龙潭

●六十八级跌水瀑布

西藏印象

西藏简称"藏"，是一方神圣的净土。空旷的原野，高峻肃穆的雪山，亿万年奔腾不息的江水，历史悠久的建筑，无不让人心生向往。

牦牛

布达拉宫

被誉为"世界屋脊上的明珠"。

藏原羚

青藏高原的特有物种，又叫西藏黄羊，以"白屁股"为标志。

格桑花

在藏族，格桑花寓意幸福吉祥。

珠穆朗玛峰

喜马拉雅山脉的主峰，是世界上海拔最高的山峰。

青藏铁路

穿越世界屋脊的天路，
世界上海拔最高的铁路。

牦牛肉

甜茶和酥油茶

用酥油茶待客是藏民族古老的传统。

糌（zān）粑

藏族牧民的
传统主食。

唐卡

一种绘画艺术形
式，被誉为藏文化的
"百科全书"。

牦牛酸奶

拉萨：日光之城

拉萨在藏语中意为"圣地"或者"佛地"，有着恬静的草原风光，波光万顷的高原湖泊。拉萨每年的日照时间达三千小时，故有"日光城"的美称。

布达拉宫

红白相间的布达拉宫，是世界上海拔最高的古代宫堡建筑群。当年，吐蕃（bō）赞普松赞干布兴建了这座宫堡。

转经轮

转经轮主体呈圆柱形，中间有轴可供转动，通常以木、铜、银、金等材质制成。

转经筒

八廓（kuò）街

又称八角街，
西藏文化艺术和民
俗风情集中展现地。

大昭寺

为藏式宗教建筑的千古典范。

罗布林卡

典型的藏式风格园林。

珠穆朗玛峰：世界第一高峰

　　珠穆朗玛峰位于中国与尼泊尔的边境线上，是喜马拉雅山脉的主峰，世界第一高峰。"珠穆朗玛"在藏语中意为"大地之母"，峰顶终年积雪，远望冰川悬垂，银峰高耸，一派圣洁景象。

绒布寺

　　世界上海拔最高的寺庙，是从北坡攀登珠峰的大本营。

珠穆朗玛峰巍峨宏大，气势磅礴，山体呈巨型金字塔状，山脊和峭壁之间分布着千姿百态、瑰丽罕见的冰川。1953年，人类首次登上珠峰，此后不断有登山者在珠峰顶上留下脚印。

珠峰高程测量纪念碑

登顶！

札达土林：地质变迁的奇观

 阿里地区的札达县有一大片土林地貌，极目远望，莽莽土林高低错落，千姿百态。土林与远处的喜马拉雅山脉相互映衬，充满着奇幻色彩，尽显雄奇、浩然、壮阔、大气。

古格王朝遗址：消失的王朝

古格王朝曾雄踞在西藏西部，后因战争灰飞烟灭。如今的王朝遗址位于一座土山上，洞窟、房舍依山叠砌，层层相连，直至山顶，有着撼人心魄的残缺美、悲壮美。

神山圣湖：冈仁波齐与玛旁雍错

阿里地区孕育着"神山"——冈仁波齐，"圣湖"——玛旁雍错。广阔的高原人烟稀少，是野生动物的乐园。

玛旁雍错

西藏三大圣湖之一，被称为"圣湖之王"。

冈仁波齐

世界公认的神山，素有"神山之王"的美称。

纳木错：坠入人间的"天湖"

　　纳木错在藏语中意为"天湖"，是西藏第二大湖，世界海拔最高的大型湖泊，西藏"三大圣湖"之一。纳木错是造山运动形成的断陷构造湖，四周被雪峰、丘陵、草原环抱，蓝天、白云、雪山、碧水构成纯粹的美景，洗涤人们的心灵。

雅鲁藏布大峡谷：地球秘境

　　雅鲁藏布江是世界上海拔最高的河流之一，其造就了世界上最大的峡谷，谷内环境独特，资源丰富，堪称"地球上最后的秘境"。

●雅鲁藏布大峡谷石碑

雅鲁藏布江吊桥●

雅鲁藏布大峡谷
马蹄形拐弯处落差很
大，水流湍急。